常用办公设备使用与维护

职业教育文秘专业教学用书

主编 方辉

华东师范大学出版社
上海

图书在版编目(CIP)数据

常用办公设备使用与维护/方辉主编. —上海:华东师范大学出版社,2014.10
ISBN 978-7-5675-2701-0

Ⅰ.①常… Ⅱ.①方… Ⅲ.①办公设备-使用方法-中等专业学校-教材②办公设备-维修-中等专业学校-教材 Ⅳ.①C931.4

中国版本图书馆 CIP 数据核字(2014)第 245490 号

常用办公设备使用与维护

职业教育文秘类专业教学用书

主　　编　方　辉
责任编辑　蒋梦婷
装帧设计　徐颖超

出　　版　华东师范大学出版社
社　　址　上海市中山北路 3663 号
　　　　　邮编 200062

营销策划　上海龙智文化咨询有限公司
电　　话　021-51698271　51698272
传　　真　021-51698271

印 刷 者　上海商务联西印刷有限公司
开　　本　787×1092　16 开
印　　张　15.5
字　　数　320 千字
版　　次　2015 年 2 月第 1 版
印　　次　2021 年 8 月第 3 次
书　　号　ISBN 978-7-5675-2701-0/G·7710
定　　价　35.00 元

出版人　王　焰

(如发现本版图书有印订质量问题,请与华东师范大学出版社联系电话:021-51698271 51698272)

出版说明

本书是职业教育文秘类专业教学用书。

本书在内容的选择上有所舍取,更多地留取实用操作部分,减少理论和原理上的讲授,以一个个任务形式呈现具体操作内容,以图代文,学生"看得懂,做得了",实现"做中学,学中做"。

具体栏目设计如下:

项目概述:各项目涉及设备的使用现状、功能介绍。

项目目标:分技能和知识两方面罗列各项目学习目标。

任务目标:项目下各任务的主要学习目标。

任务情境:以毕业生小方的见习经历引出任务内容。

任务解析:解析各任务关键内容。

实训:分步详细介绍各种设备的使用与维护。

小贴士:穿插在正文中的提示内容。

知识链接:对任务涉及设备的知识补充。

拓展训练:用以巩固任务知识的课外训练。

华东师范大学出版社

2015 年 1 月

前　言

伴随科学技术的飞速发展，办公技术的进步，现代办公设备的应用已遍及各个领域。作为职业学校的学生，尤其是文秘类专业的毕业生，在日常工作中熟练掌握常用办公设备的操作技能，并能对这些办公设备进行日常维护与保养已经成为基本技能要求。

本书在内容的选择上有所取舍，更多地留取实用操作部分，减少理论和原理上的讲授，"会用就好"是本书一大特色。同时，书中范例中的办公设备尽可能采用当前社会上广泛使用的型号，具有代表性和实用性。

本书编写采用项目教学手段，以一个个任务形式呈现具体操作内容，以图代文，学生"看得懂，做得了"。学生可以参考本书，实现"做中学，学中做"，提高学习兴趣，符合职业学校学生的认知实际。

全书共分 10 个部分：扫描仪的使用与维护、打印机的使用与维护、数码复印机的使用与维护、一体化速印机的使用与维护、传真机的使用与维护、外置存储设备的使用、投影机的使用与维护、数码照相机的使用与维护、数码摄像机的使用与维护、装订机和碎纸机的使用。

本书建议按一学年计划教学。按每周 2 课时计，计划 72 课时，其中授课 68 课时，机动 4 课时。

本书是作者根据多年的实际教学经验编写而成的，但由于现代办公设备的迅速发展以及作者的水平有限，书中难免出现疏漏，敬请读者和专业人士给予指正。

编　者
2015 年 1 月

Mulu 目录

导学 ... 1

项目一 扫描仪的使用与维护 ... 9
任务1 安装扫描仪 ... 9
任务2 把图片资料扫描进计算机 ... 14
任务3 把平面文稿扫描成 TXT 文档 ... 19
任务4 完成图文并扫 ... 26
任务5 对扫描仪进行常规维护 ... 29
项目评价 ... 31

项目二 打印机的使用与维护 ... 33
任务1 安装打印机 ... 33
任务2 打印快递单(针式打印机) ... 41
任务3 双面打印一份文稿(激光打印机) ... 52
任务4 批量打印信封(激光打印机) ... 57
任务5 打印一份彩色文稿(喷墨打印机) ... 62
任务6 排除打印故障 ... 68
项目评价 ... 76

项目三 数码复印机的使用与维护 ... 77
任务1 完成各种复印工作 ... 77
任务2 更换数码复印机耗材 ... 84
任务3 对数码复印机进行常规维护 ... 89
项目评价 ... 93

项目四 一体化速印机的使用与维护 ... 94
任务1 完成常规印刷工作 ... 94
任务2 印刷"红头文件" ... 100
任务3 更换一体化速印机耗材 ... 107
任务4 对一体化速印机进行常规维护 ... 111
项目评价 ... 115

项目五　传真机的使用与维护　　117

 任务1　对传真机进行工作设置　　117
 任务2　收发会议通知　　123
 任务3　排除传真故障　　127
 项目评价　　134

项目六　外置存储设备的使用　　135

 任务1　正确使用U盘和移动硬盘　　135
 任务2　刻录一张数据光盘　　145
 任务3　给刻录的光盘加上LOGO　　150
 项目评价　　153

项目七　投影机的使用与维护　　154

 任务1　安置便携式投影机　　154
 任务2　用投影机展示课件　　159
 任务3　投影机的日常维护　　165
 项目评价　　171

项目八　数码照相机的使用与维护　　172

 任务1　对数码照相机进行基本设置　　172
 任务2　拍摄单位活动照片　　181
 任务3　对数码照片进行简单后期处理　　189
 任务4　数码照相机日常保养　　196
 项目评价　　201

项目九　数码摄像机的使用与维护　　202

 任务1　做好拍摄前的准备　　202
 任务2　拍摄单位活动录像　　209
 任务3　对录像视频进行简单编辑　　215
 任务4　数码摄像机日常保养　　221
 项目评价　　227

项目十　装订机和碎纸机的使用　　228

 任务1　装订会议资料　　228
 任务2　粉碎应聘者简历　　235
 项目评价　　239

导 学

信息时代,办公人员每天都要处理大量的文字、图片、影像信息,这时我们就不得不借助办公设备。正所谓"工欲善其事,必先利其器",办公设备的使用极大地提高了工作效率,使我们的工作适应信息时代的需要。比如使用数码相机、数码摄像机和录音笔之类的设备,可以使我们在工作中获得第一手照片、视频和语音资料;扫描仪和笔记本电脑可以方便文字和图片的录入,使我们的工作更加轻松、快捷。因此,掌握办公设备的使用和维护,可以让我们体会到信息科技时代的高效、快捷和便利。

一、常用办公设备的应用

随着科学技术的飞速发展,办公设备的应用已经深入到社会各个领域,如企事业单位、文化教育、家庭娱乐和商业活动等。可以说已经融入到我们工作、学习、生活的各个方面。

1. 应用于企事业单位

为提高工作效率,现代办公设备的应用已成为机关和企业现代化管理的必然趋势。几乎所有的企事业单位都能见到考勤机、传真机、打印机、复印机等办公设备,用于提高单位的办公自动化水平。而许多毕业生进单位工作遇到的第一件事,可能就是传真一份文件或复印一份资料。

图 0-1-1　传真

图 0-1-2　复印

2. 应用于文化教育

国家对教育的重视,使得教育领域最先应用现代办公设备。现在的学校早就不是铁笔、铁板、手动油印机的时代,取而代之的是一体化速印机。单纯的黑白粉笔教室也早就补充了多媒体讲台、投影、展示仪。

图 0-1-3　速印机

图 0-1-4　多媒体教室

3. 应用于家庭娱乐

现代办公设备的发展,也为家庭生活的丰富多彩带来可能。例如,我们可以利用电脑、投影机、音响组建家庭影院或家庭娱乐中心;利用数码相机和数码摄像机记录生活中的点点滴滴。这些办公设备为我们的生活提供了高品质的服务,提升了生活质量。

图 0-1-5　数码相机

图 0-1-6　家庭娱乐中心

4. 应用于商业活动

办公设备也广泛应用于商业的各个环节。例如,我们到超市结账时要遇到收银机;淘宝购物过程中卖家打印快递单;登记商品时会用到扫描枪;还有商品展示时广泛用到多媒体投影设备等。

图 0-1-7　扫描枪

图 0-1-8　打印快递单

二、浏览常用办公设备

办公设备泛指与办公室相关的设备。常用办公设备指多用于办公室处理文件的设备。例如,人们熟悉的传真机、打印机、复印机、投影机、扫描仪、碎纸机、电话机等,还有台式计算机、笔记本、考勤机、装订机等。

按用途来分,常用办公设备大致可分为:文件输入及处理设备、文件输出设备、文件传输设备、文件储存设备、文件整理设备、文件展示设备等。每一类设备又都包括多种产品,以下列举的只是其中的常用设备。

1. 文件输入及处理设备

包括计算机、扫描仪、数码相机、数码摄像机等。

图 0-2-1　扫描仪　　　　　图 0-2-2　数码相机

2. 文件输出设备

可分为文件复制设备和文件打印设备。

(1) 文件复制设备:包括可制版印刷的一体化速印机和数码复印机等。

图 0-2-3　一体化速印机　　　图 0-2-4　数码复印机

(2) 文件打印设备:包括激光打印机、喷墨打印机、针式打印机和绘图机等。

图 0-2-5　激光打印机　　　　图 0-2-6　喷墨打印机

3. 文件传输设备

包括传真机、计算机网络、电传机等。

图 0-2-7　网络路由器　　　　图 0-2-8　传真机

4. 文件储存设备

包括光盘刻录机、移动硬盘、U 盘和云盘等。

图 0-2-9　光盘刻录机　　　　图 0-2-10　移动硬盘

5. 文件整理设备

包括装订机、打孔机、碎纸机、封装机等。

图 0-2-11　装订机　　　　图 0-2-12　碎纸机

6. 文件展示设备

主要有投影机和电子白板。

图 0-2-13　投影机　　　　图 0-2-14　电子白板

三、安全使用办公设备

为了更有效地管理和使用计算机、传真机、打印机、复印机等办公设备,使现代办公设备在工作和管理中充分发挥作用,提高办公设备的使用效率和使用寿命,确保办公设备安全、可靠、稳定地运行,避免可能出现的人身安全事故和信息安全事故,有必要了解如何安全使用办公设备。

安全使用办公设备主要包括用电安全、安全操作和信息安全三个方面。

1. 用电安全

一般来说,办公设备使用的是交流电压 220 V ± 10%,电源频率为 50 Hz 的交流电,并且具有良好的接地。电压要相对稳定,因为电压波动将影响计算机的可靠运行。有条件的情况下最好使用 UPS 不间断电源,防止突然断电影响计算机系统或其他设备的正常使用。

为规避安全隐患,还需要注意以下几点:

① 禁止使用不合格电器产品。禁止在办公区域内使用"三无"(无生产厂家名称、无生产合格证、无生产日期)电器产品,禁止使用无断路保护功能的电水壶、电热水器。正规厂商生产的插座或电器上都有 3C、长城等认证标志。

中国强制性产品认证　　中国电工产品安全认证　　欧盟强制认证　　国际电工CB认证

图 0-3-1　各种安全认证标志

② 活动电源插排使用专用产品,所有办公设备配置固定的电源插座和活动电源插排,活动电源插排统一配置专业带开关的 5 插头型,并统一固定在适当位置。关闭办公设备后,必须同时关闭电源插排开关,确保办公设备都不带电。

③ 办公区域的电源布线、插座、开关等带电设施必须保持安全状态良好,干净无损坏,开关、插座出现松动、破裂、缺少螺丝的情况时,需及时向物业公司报障报修。

④ 严禁过载使用插线排和电源插座,禁止串接、搭接使用电源线排。办公设备电源插座做到专用,不要与其他电器共用电源插座。电源插座最好配有 5A 的保险丝,防止电源短路而损坏计算机内部器件。

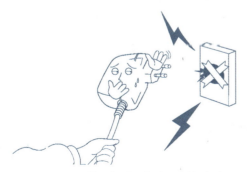　　

图 0-3-2　不使用松动、破裂的开关、插座　　图 0-3-3　不得过载使用插线排

⑤ 拔插头时应手握插头的绝缘部分,禁止直接拉拔导线,禁止在黑暗的环境下插插头或拔插头。

⑥ 禁止湿手接触开关、插头或带电设备,禁止用湿布擦拭带电电器、开关、插头等。

图 0-3-4 禁止直接拉拔导线　　　　　如图 0-3-5 禁止湿手接触插头

⑦ 显示器、打印机、复印机、碎纸机、电脑等不用时必须关闭电源(要求设备的输入电源线不带电)。

2. 安全操作

办公设备主要由电子部件和机械部件构成,非常精密及复杂,因此要特别注意办公设备的使用环境和要求。同时,不规范的操作往往会造成安全事故。

① 对环境的要求。

办公设备尽量在粉尘少、不受太阳光直射、湿度和温度适宜的条件下使用。办公设备的使用环境温度一般要求保持在 10~35℃,湿度则要求控制在 30%~70% 左右,如果超过以上标准,要注意防尘、避光、增加通风和使用温度调节设备来满足其工作环境要求。同时,应尽量避免在办公设备旁存放带有挥发性和腐蚀性的气体和液体。

要保持办公环境的清洁。灰尘对计算机设备,特别是对精密机械和接插件的影响较大。当大量绝缘性尘埃落入设备内时,则可能引起接插件触点接触不良。

图 0-3-6 避免过冷过热　　　　　图 0-3-7 避免高温、灰尘

② 对放置的要求。

设备应水平摆放,不要随便搬动。工作时应尽量保持设备平稳,防止猛烈撞击,也不要在设备上叠放过重的物品。因为不稳定的工作状态将影响设备的正常启动、运转,并最终导致设备的工作异常,寿命缩短。

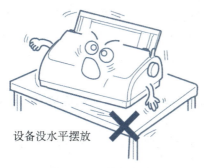

设备没水平摆放

图 0-3-8　保持设备平稳

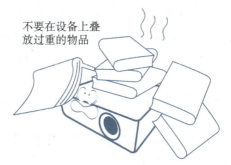
不要在设备上叠放过重的物品

图 0-3-9　不要叠放过重的物品

③ 对配件及消耗材料的要求。

复印机等办公设备都是精密机器,其机械部件对设备的正常运转至关重要。应尽量选择原装正品的配件,以保证机器正常运行。品牌系列的办公设备一般应使用该品牌的消耗材料,以保证质量和使用寿命。

④ 操作规范的要求。

办公设备使用时会释放臭氧,造成操作者头晕、恶心,所以一定要保持房间通风良好,以使空气中的臭氧浓度降至最小;一定不要直视复印机、扫描仪、投影机的灯光,因为直视灯光会导致眼睛疲劳或者损伤。

图 0-3-10　臭氧标志

图 0-3-11　不要直视设备灯光

排除故障时遇到如图 0-3-12 所示安全警示标志要格外小心。在没把握的情况下,还是请专业人员来处理。

图 0-3-12　各种安全警示标志

3. 信息安全

信息作为一种资源,它的普遍性、共享性、增值性、可处理性和多效用性,使其具有特别重要的意义。信息安全的实质就是要保护信息系统或信息网络中的信息资源免受各种类型的威胁、干扰和破坏,即保证信息的安全性。信息安全是任何国家、政府、部门、行业都必须十分重视的问题。

人们往往认为只有局域网、微机终端涉及信息安全,其实不然。办公设备在处理信息时,不注意也会造成信息泄漏。有的单位受办公环境的限制,自己的办公电脑与选定的打印机有一段距离,有的单位办公打印机甚至设计在前台处,那里是经常出入非本单位人员的公共区域,这时打印安全问题就暴露无遗。信息的不安全流失,将会造成无可挽回的损失。因此,操作办公设备时要注意以下几点:

① 操作扫描仪和打印机时,如涉及单位机密的文件和信息,操作人员应紧盯在设备旁,直至操作完毕带走相关资料。

② 数码复印机一般都带有储存功能。涉密人员如不是自己操作,应紧盯在设备旁,直至操作完毕带走相关资料。

③ 传真机在传真重要文件时,首先要确保对方传真号的正确输入,其次要求对方以电话接收模式接收传真,确保信息不泄漏。

④ 机密信息刻录光盘或利用移动硬盘或U盘传递时,要对机密信息进行加密处理,谨防因物品的丢失带来的信息安全隐患。

⑤ 单位在处理报废办公设备时,应对可能留有信息的硬盘、储存卡等进行粉碎处理。

项目一　扫描仪的使用与维护

[项目概述]

扫描仪就像是计算机的"眼睛",使得计算机能够通过它来"感受"视觉信息。扫描仪是一种计算机外部输入设备,它的主要功能一是图片扫描,二是文字识别。通过扫描仪我们能够把实物或平面图像转换成计算机可以显示、编辑、存储和输出的数字化图像。例如,照片、文本页面、图纸、美术图画、照相底片,甚至纺织品、标牌面板、印制板样品等三维实物都可作为扫描对象。同时也可以在扫描的基础上借助文字识别软件(OCR),提取图像中的线条、图形、文字、照片,将图像转换成可以编辑的 Word 文档。

目前,扫描仪已经广泛应用到图形图像处理、出版、印刷、广告制作、办公、多媒体、图文数据库、工程图样输入等领域,并改善了这些领域的工作方式。

[项目目标]

1. 技能目标

① 能依据产品说明书安装、调试扫描仪。
② 熟悉把不同图片扫描进计算机的流程。
③ 能利用扫描仪进行文字识别。
④ 能排除简单故障,维护与保养扫描仪。

2. 知识目标

了解扫描仪的性能参数和应用。

任务1　安装扫描仪

[任务目标]

① 能按说明书完成扫描仪的硬件安装并与计算机连接。
② 能按说明书完成扫描软件安装。

[任务情境]

小方是某职业学校文秘专业的毕业生,正在某公司办公室见习。这天,办公室新买的

EPSON V200扫描仪到了。办公室陈主任请小方帮忙安装。

[任务解析]

扫描仪的安装分为硬件部分和软件部分的安装。通常情况下先安装硬件,然后再安装软件。其安装过程可参考随机附带的使用说明书。认真阅读扫描仪的使用说明书,了解相关的注意事项,是完成本次任务的关键。扫描仪的部件不多,在安装前应该对部件名称和功能有个基本了解,这样在操作时才能有所对应。

[实训 1] 扫描仪硬件安装(EPSON V200)

步骤1:将扫描仪放在平坦、稳定的桌面或台面上。不稳定的机身会影响扫描精度。

步骤2:如果扫描仪有安全锁,将安全锁推至开锁位置,如图1-1-1所示。

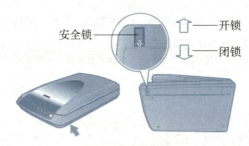

图 1-1-1　安全锁

小贴士

有些扫描仪设有安全锁定装置,一定要在连接电源之前检查有无安全锁,如有,则将安全锁定装置推至开锁位置。扫描仪使用安全锁的目的是防止在运输或搬运途中灯管滑动。打开或锁上安全锁的方法,因扫描仪类型的不同而不同。

步骤3:将电源适配器的一端连接到扫描仪后端的电源接口,另一端连接到交流电源插座,如图1-1-2所示。

图 1-1-2　连接电源

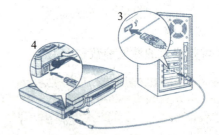

图 1-1-3　连接USB连接线

步骤4:将USB连接线的一端接到计算机,将USB连接线的另一端连接到扫描仪的USB接口,如图1-1-3所示。

步骤5:按一下电源开关,开启扫描仪电源,扫描仪面板的状态指示灯会闪亮。稍等片刻,状态指示灯将停止闪烁并持续呈点亮状态(绿色)。至此,扫描仪硬件连接完毕,如图1-1-4所示。

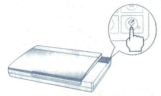

按下 启动/电源按键可启动扫描软件

图 1-1-4　电源开关

[实训2] 扫描仪软件安装（EPSON V200）

步骤1：断开已连接的USB数据线，如图1-1-5所示。
步骤2：开启计算机。
步骤3：将扫描仪驱动CD光盘置入光驱，如图1-1-6所示。
步骤4：光盘自动运行后，出现如图1-1-7所示画面。
步骤5：选择简易安装，再依据屏幕上的提示完成。可以根据自己的工作需要勾选所需安装的软件，如图1-1-8所示。

> **小贴士**
>
> 在安装扫描仪软件时，先不要连接USB线缆，否则计算机可能不能正确识别USB端口。这个经验可用于大部分含USB端口的设备。

图1-1-5 断开USB数据线

图1-1-6 装入驱动光盘

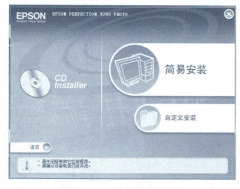

图1-1-7 选择简易安装

图1-1-8 勾选所需安装的软件

步骤6：在屏幕上提示连接USB数据线时，插上USB数据线。
步骤7：全部应用程序安装后，电脑会提示重新启动计算机，选择"现在重新启动"，如图1-1-9所示。
步骤8：这时电脑会出现"发现新设备"的提示，系统会自动完成认证安装，当出现图1-1-10所示提示时，表明驱动安装完毕，可以正常使用扫描仪了。

图1-1-10 驱动安装完毕

图1-1-9 选择"现在重新启动"

> **小贴士**
>
> 根据其接口的不同,扫描仪的安装方法是不一样的。如果扫描仪是并口类型的,在安装之前必须先进入 BIOS 设置,在 I/O Device configuration 选项里把并口的模式改为 EPP,然后连接好扫描仪,并安装驱动程序,安装过程是不需要断开并口数据线的。

[知识链接]

一、扫描仪工作环境的选择

扫描仪对于安装环境的选择是有要求的,这不但有益扫描仪的使用,而且可以延长设备的使用寿命。所以在安装时要注意以下几方面:

① 不要将扫描仪放置在接近辐射或热源的地方。
② 将扫描仪放置在平稳的平面上。
③ 在扫描仪四周留有足够的空间以便操作或维护。
④ 避免在温度或湿度剧烈变化和多尘的地方使用或放置扫描仪。

二、扫描仪各部件名称(以 EPSON V200 为例)

1. 外观(如图 1-1-11 所示)

a. 扫描仪文稿盖(不透明的白色软垫)。
b. 文稿台(透明玻璃)。
c. 扫描头(在文稿台里边)。

2. 接插口(如图 1-1-12 所示)

a. USB 接口。
b. 直流电入口。

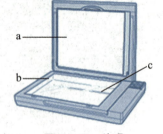

图 1-1-11 外观

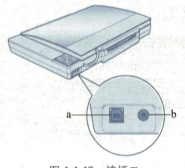

图 1-1-12 接插口

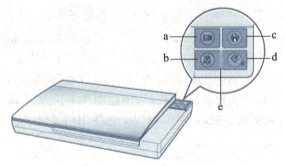

图 1-1-13 指示灯和按钮

3. 指示灯和按钮(如图 1-1-13 所示)

此扫描仪有四个按钮用于扫描操作,其状态指示灯指示扫描仪操作是否正常。

a. ✉ 电子邮件按钮。

b. 📄 PDF 按钮。

c. 🖨 复印按钮。

d. ⏻ 电源/ ⚡ 启动按钮。

e. 状态指示灯。

状态指示灯位于 ⏻ 电源/ ⚡ 启动按钮和 📄 PDF 按钮之间,一般有绿灯亮、绿灯闪烁、红灯闪烁和灯灭 4 种状态(详见表 1-1-1)。

表 1-1-1 指示灯和按钮功能

颜色	指示灯状态		含义
绿色	○	亮	准备扫描图像
	◉	闪烁	正在初始化或正在扫描
红色	●	闪烁	发生错误。有关详细信息,参见状态指示灯闪烁
(无)	○	灭	扫描仪关闭
按钮			功能
电源/启动按钮	⏻	电源	按下一次可打开扫描仪电源。当扫描仪电源打开时,按下此按钮 3 秒钟可关闭扫描仪(当扫描软件正在运行时,您不能关闭扫描仪)
	⚡	启动	Epson Scan 启动
🖨 复印			Copy Utility 启动
✉ E-mail			Epson Scan 自动扫描,出现传送文件的邮件窗口
📄 PDF			扫描至 PDF 窗口出现

[拓展训练]

[训练] 安装扫描仪

学生分组训练不同型号扫描仪的安装,然后相互交换手中的扫描仪,完成新扫描仪的安装。在移动扫描仪时要注意安全锁的闭合和开启。

任务2　把图片资料扫描进计算机

[任务目标]

① 熟悉图片扫描的基本流程。
② 能够扫描出清晰图片。
③ 能够一次同时扫描多张图片。

[任务情境]

小方成功地自己动手把扫描仪安装好了。一天,办公室陈主任拿了一本杂志,要小方用扫描仪将杂志中的一批老同志制作盆景活动的图片扫描进计算机,作为资料保存。小方问:"要多大的分辨率?"陈主任说:"作为资料保存的,你应该懂的。"

[任务解析]

本次任务的完成是把实物图片资料扫描进计算机,以数字相片的形式保存。将一张实物图片资料扫描进计算机之前,首先要明确保存后数字相片的用途,以确定适当的分辨率。例如,用于普通文稿编写,一般设置为300 dpi;而用于广告、展览,则分辨率越大越好,当然不能超过该扫描仪的最大光学分辨率。同时要得到一张清晰的数字相片,还必须正确放置原稿,同时调整好适当的对比度、色彩饱和度和亮度。必要时还要借助扫描仪的"去网纹"和"色彩翻新"功能。

[实训1]　放置图片文稿或照片(EPSON V200)

步骤1:打开扫描仪文稿盖,确保文稿垫安装在文稿盖的内部,如图1-2-1所示。

步骤2:将原始图片文稿或照片面朝下放置在扫描仪文稿台上且与箭头标记对齐,如图1-2-2所示。

小贴士

在距扫描仪文稿台玻璃面水平和垂直边缘上3毫米(0.12英寸)的区域是无法扫描到的区域。所以放置的文稿不要太靠近文稿台的角、边,稍微向中间移动一点可避免不必要的裁切,如图1-2-3所示。

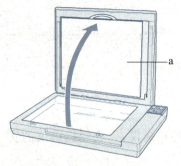

图1-2-1　打开文稿盖

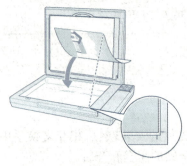

图1-2-2　面朝下放置文稿

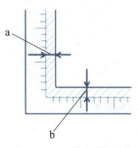

图 1-2-3　无法扫描区域　　　　图 1-2-4　合上文稿盖

步骤3：轻轻地合上文稿盖，以免移动原始文稿，如图1-2-4所示。

[实训2] 进行图片扫描

步骤1：点击电源开关。

步骤2：双击桌面上的EPSON Scan图标 ，或执行"开始/所有程序或程序/EPSON Scan/EPSON Scan"命令。

步骤3：在专业模式中启动EPSON Scan，将看到EPSON Scan主窗口，如图1-2-5所示。

步骤4：选择扫描分辨率，在专业模式中，可以选择自己想要的分辨率，具体参看图1-2-5。

在选择扫描分辨率之前，应该考虑是否在扫描之前或之后放大图像。由于此次扫描的照片仅作为资料保存，所以选择300 dpi。

小贴士

- 不要在玻璃的文稿台上放置重物，不要用太大力压玻璃的文稿台。
- 始终应保持文稿台干净。
- 勿将照片放置在文稿台上过长时间，因为它们可能会粘在玻璃上。

图 1-2-5　选择分辨率　　　　图 1-2-6　点击预览

步骤5：点击预览，如图1-2-6所示。

单击靠近EPSON Scan窗口底部的预览按钮。如果想更改预览类型，单击预览按钮下面的复选框（如果可用）。

步骤6：调整扫描区域，如图1-2-7所示。

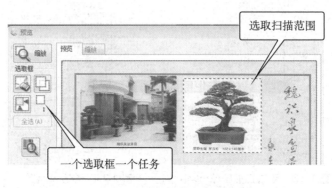

图 1-2-7　调整扫描区域

选取框是出现在预览图像边缘用来指示扫描区域的可调的虚线。将指针放置在选取框内,指针变成手的形状,单击并拖曳选取框至想要放置的位置。将指针放置在选取框边缘或角的位置,指针变成一个竖直的双箭头,单击并拖曳选取框边缘或角至想要的尺寸,如图1-2-8所示。

图 1-2-8　选取框操作

步骤7:调整颜色和其他图像设置。

EPSON Scan 提供了改善色彩、锐化、对比度和影响图像质量的其他方面的各种设置。在进行调整前,单击需要调整的图像或选取框区域。

由于此次扫描的照片来自杂志,有纸质纹路,扫描时需要选择"去网纹"选项,同时为了增加图片色彩,还需选择"USM锐化"和"色彩翻新",如图1-2-9所示。

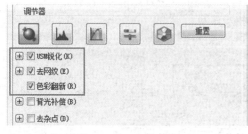

图 1-2-9　图像改善

图 1-2-10　点击扫描

步骤8:点击"扫描",如图1-2-10所示。

步骤9:在保存设置对话框中,选择保存路径和保存图像格式,如图1-2-11所示。

步骤10:点击"确定",等待进程结束,如图1-2-12所示。

步骤10:扫描完成后,关闭扫描程序。

项目一 扫描仪的使用与维护

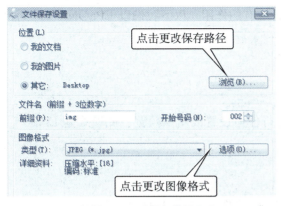

图 1-2-11　保存设置

图 1-2-12　扫描进程

[实训 3] 一次同时扫描多张照片

步骤 1：双击桌面上的 EPSON Scan 图标。

步骤 2：在专业模式中启动 EPSON Scan，选择适当扫描分辨率、图像类型和调整设置。

步骤 3：点击多选框，选择多任务。

步骤 4：在展示窗口的预扫图中按住鼠标左键，在对应的几个扫描对象上拉出选取框，如图 1-2-13 所示。

> **小贴士**
> 一次同时扫描多张照片的操作步骤与扫描单张照片的操作步骤基本相同，所不同的是选择多选取框，点击多任务。

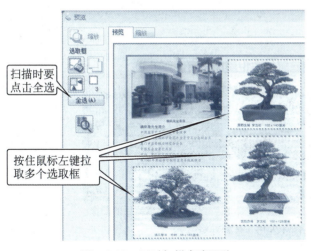

图 1-2-13　同时扫描多张照片

> **小贴士**
> 某些扫描仪的 Scan 主窗口中没有多选框选项，但并不说明这种扫描仪不可以一次扫描多张照片。只要在预览图中用按住鼠标左键，在对应的几个扫描对象上拉出选取框，也同样可以执行一次性多任务扫描。

步骤 5：点击预览图中的"全选"。

步骤 6：点击扫描，选择保存路径，等待进程结束。

步骤 7：扫描完成后，关闭扫描程序。

[知识链接]

扫描仪是一种捕获图像并使之能为计算机显示、编辑、储存和输出的一种数字化输入设

17

备,只有充分掌握其使用方法,才能发挥设备应有的作用。以下我们以 EPSON V200 为例,对扫描仪图片扫描性能做一个了解。

一、可用的扫描模式(图 1-2-14)

1. 全自动模式

可以进行快速而又简便的扫描,无需进行任何设置或图像预览。此模式是 EPSON Scan 的默认设置。

2. 家庭模式

让使用者自定义一些扫描设置,并可使用预览图像查看扫描效果。

3. 专业模式

让使用者对扫描设置进行完全的控制,并可使用预览图像来查看扫描效果。

小贴士

可以将 EPSON Scan 作为一个独立的程序使用,将图像扫描并保存到计算机上的文件中。

图 1-2-14　扫描模式

二、扫描图片时的有用功能

① 色彩翻新,如图 1-2-15 所示。

原始图像　　　　　　应用色彩翻新后的图像

图 1-2-15　色彩翻新

② 去杂点,如图 1-2-16 所示。

原始图像　　　　　　应用了去杂点

图 1-2-16　去杂点

③ 背光补偿，如图 1-2-17 所示。

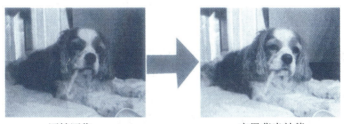

原始图像　　　　　　　应用背光补偿

图 1-2-17　背光补偿

[拓展训练]

[训练1]　尝试不同扫描调整项

找一张彩色家庭老照片（实物），用扫描仪扫描成数字照片。在扫描过程中，分别尝试"USM 锐化滤镜"、"色彩翻新"、"去杂点"和"背光补偿"四个扫描调整项，如图 1-2-18 所示，并将观察结果填写在表 1-2-1 中。

图 1-2-18　扫描调整项

表 1-2-1　扫描结果观察

尝试调整功能	扫描结果观察
USM 锐化滤镜	
色彩翻新	
去杂点	
背光补偿	

[训练2]　扫描老照片并保存

将家中的老照片翻出来，用扫描仪扫描成数字照片，保存在以"我家"为主题的文件夹中。在扫描过程中注意黑白照片和彩色照片的图像类型区别，同时为提高扫描效率，建议多张照片一起放入扫描仪中，一次扫描多张照片。

小贴士

老照片可能会有霉点和污物，一次扫描结束后，在下批照片放入之前，请认真检查文稿台，用干净的麂皮擦干净文稿台后才可以进行下一步操作。

任务3　把平面文稿扫描成 TXT 文档

[任务目标]

① 熟悉文字识别的基本流程。

② 能够将印刷刊物上的文字扫描进计算机,以 TXT 格式保存。

[任务情境]

一天,办公室陈主任拿了一份报纸,要小方把其中的几篇文章打字输入电脑。小方心想,为什么不用扫描仪将文章扫描进计算机呢?这样又快又省力。刚好手边就有扫描仪,于是小方试着动手做起来。

[任务解析]

本次任务是把印刷刊物上的文字资料扫描进计算机,并以 TXT 或 WORD 格式保存。要让扫描仪读懂、看清楚纸上的文字,适当地设置分辨率、黑白图像类型和图像阈值(对比度、浓度)是关键。尤其是图像阈值,对不同印刷刊物和不同字号的文字的设置也不同,需要我们在实际操作时,多训练、多体会,不断总结提高。

[实训 1] 文字识别操作(EPSON V200)

步骤1:放置文稿,与图片扫描相同,参考任务 2。

步骤2:双击桌面上的"丹青中英文文件辨识系统"图标 ,进入丹青中英文文件辨识系统界面,如图 1-3-1 所示。

图 1-3-1 辨识系统界面

步骤3:执行"文件/扫描仪设定"命令。第一次使用 OCR 要对扫描仪进行选择,如图 1-3-2 所示。

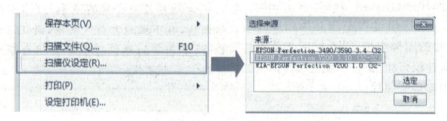

图 1-3-2 选择扫描仪

步骤4:点击扫描 进入 EPSON V200 扫描界面。

步骤5:点击"预览"进行预扫。

步骤6:进行扫描设置。选取扫描的文字范围,设定图像类型为"黑白",扫描分辨率为 600 dpi,调整阈值为 110(图像中汉字的笔画较细但又不断开为好),如图 1-3-3 所示。

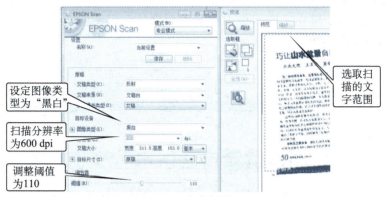

图 1-3-3　文字扫描设置

步骤 7：点击"扫描"。待结束后，关闭 EPSON V200 扫描界面。

步骤 8：回到丹青中英文文件辨识系统界面。扫描的文字以 TIF 格式在辨识系统界面中显示，如图 1-3-4 所示。

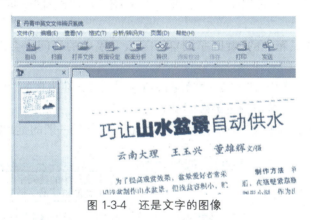

图 1-3-4　还是文字的图像

步骤 9：进行"倾斜校正"。由于扫描时文稿没有放正，文字的图像有些倾斜。若图片倾斜角度大于 3 度且小于 10 度，可执行"编辑/旋转/任意角度旋转"命令，系统会出现如下的对话框，可以用鼠标左键按住滑块移动，使窗口中的图像对正红色十字线，点击"确定"，将图片转正，如图 1-3-5 所示。

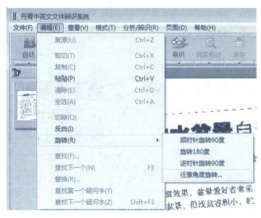

图 1-3-5　倾斜校正

小贴士

若图片倾斜角度小于 3 度，此为正常辨识可接受的范围，不需调整图片角度；若图片的倾斜角度大于 10 度，建议重新扫描图片。

步骤10：按住鼠标左键在文字图像中按辨识顺序拉取识别框，然后点击工具栏上的"辨识"图标，进行文字识别，如图1-3-6所示。

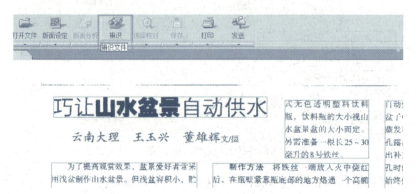

图1-3-6　拉取识别框

步骤11：校对文稿。当辨识完成后，画面会依系统默认值出现"全页显示"窗口，可观看辨识后的文稿版面全貌。

① 按一下编辑工具箱上的"疑问字浏览"工具，文稿中的疑问字会以蓝底黄字的字样显示，如图1-3-7所示。

② 使用"疑问字浏览"工具在第一个疑问字上点一下，并在出现的"候选字"窗口中选择正确的字。所选择的字将会替换指定的疑问字。

③ 若在"候选字"窗口中找不到需要的替代字，也可以使用一般的键盘输入法将文字输入。

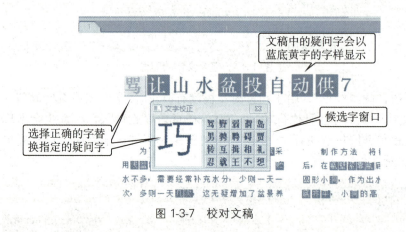

图1-3-7　校对文稿

步骤12：执行"文件/保存文件辨识结果"命令。屏幕上将出现"保存辨识结果"对话框。指定路径，输入文件名，并选择存档类型（TXT），点击"保存"。

小贴士

纯文本建议以文本文件保存，方便以后的编辑。

[知识链接]

一、文字辨识软件(OCR)介绍

除图片扫描外，扫描仪还有个非常有用的功能，即文字辨识OCR功能（Optical Character Recognition，光学字符辨识），把印刷体上的文章通过扫描，转换成可以编辑的文本，大大方便了文字录入工作者。要实现文字辨识，除了安装好扫描仪的驱动和扫描仪的应用软件外，还要安装 OCR 文字辨识软件才可以。

OCR 识别系统可将影像进行转换，使影像内的图形继续保存，将表格内资料及影像内的文字，一律变成计算机字符，使影像资料的储存量减少，识别出的文字可再使用及分析，当然也可节省键盘输入的人力与时间。

目前市场上的中英文文字辨识软件很多，比如清华紫光、丹青、尚书、汉王等文件辨识软件。OCR 软件的种类虽然很多，但其使用方法大同小异，首先要对文稿进行扫描，然后进行辨识。

二、文字辨识软件(OCR)基本操作步骤

1. 输入图片
从扫描仪或磁盘驱动器输入待辨识的图片。

2. 图片处理
在辨识前预先清除图片的杂点、校正倾斜角度，或是切除不需辨识的部分。

3. 辨识文件
设定文件格式、分析版面，以及进行各种文件的辨识，如：中英文稿、图文并存的版面和表格等。

4. 文稿校对
校正辨识后的结果。

5. 输出文件
将辨识结果保存成各种文件类型，打印或是发送至其他应用软件。

三、文字辨识操作技巧

1. 分辨率的设置是文字辨识的重要前提
一般来讲，扫描仪提供较多的图像信息，辨识软件比较容易得出辨识结果。但也不是扫描分辨率设得越高辨识正确率就越高。选择 300 dpi 或 400 dpi 分辨率，适合大部分文档扫描。注意文字原稿的扫描辨识，设置扫描分辨率时千万不要超过扫描仪的光学分辨率，不然会得不偿失。下面是部分典型设置，仅供参考。

① 一、二、三号字的文章段，推荐使用 200 dpi。
② 四、小四、五号字的文章段，推荐使用 300 dpi。
③ 小五、六号字的文章段，推荐使用 400 dpi。
④ 七、八号字的文章段，推荐使用 600 dpi。

2. 扫描时适当地调整亮度和对比度值
使扫描文件黑白分明，这对辨识率的影响最为关键，扫描亮度和对比度值的设定以观察扫描后的图像中汉字的笔画较细但又不断开为原则。

3. 选择扫描软件

选一款好的适合自己的 OCR 软件是做好文字辨识工作的基础。

4. 使用的辨识软件最好可支持文字格式的扫描

如果要进行的文本是带有格式的,如:粗体、斜体、首行缩进等,部分 OCR 软件辨识不出来,会丢失格式或出现乱码。

5. 在扫描原稿的背面附一张黑纸

在扫描辨识报纸或其他半透明文稿时,背面的文字会透过纸张混淆文字字形,对辨识造成很大的障碍。遇到该类扫描,只要在扫描原稿的背面附一张黑纸,扫描时,增加扫描对比度,即可减少背面模糊字体的影响,提高辨识正确率。

6. 原稿质量较差时,使用灰度模式扫描

一般文本扫描原稿都为黑、白两色原稿,但是在扫描设置时却常将扫描模式设为灰度模式。特别是在原稿质量较差时,使用灰度模式扫描,并在扫描软件处理完后再继续辨识,这样会得到较好的辨识正确率。

7. 合理划分辨识区域

手动选取扫描区域会有更好辨识效果。设置好参数后,先预览一下,然后开始选取扫描区域。不要将要用的文章一股脑儿选在一个区域内,因为现在的文章排版为了追求更好的视觉效果,使用图文混排的较多,扫成一幅图像会影响 OCR 辨识。因此,要根据实际情况将版面分成多个区域。那么,我们应该怎么划分区域呢?每一区域内的文字字体、字号最好一致,没有图形、图像,每一行的宽度一致,遇到长短不一的,再细分,一般一次最多可扫描 10 个选区。根据不同情况,合理地设置辨识区域的顺序。不要嫌这个过程太烦,那可是提高辨识率的有效手段。注意各辨识区域不能有交叉,做到一切觉得完好以后再进行辨识。这样一般的辨识率会在 95% 以上。

8. 对印刷质量差的文字进行色调调节

如果要扫描印刷质量稍微差一些的文章,比如报纸,扫描的结果将不会黑白分明,会出现大量的黑点,而且在字体的笔画上也会出现粘连现象,这两项可是汉字辨识的大忌,将严重影响汉字辨识的正确率。为获得较好的辨识结果,必须仔细进行色调调节,反复扫描多次才能获得比较理想的结果。另外由于报纸很薄且大部分纸质一般,导致扫描仪上盖板不能完全压住报纸(有缝隙),所以一般情况下报纸的扫描辨识效果没有杂志的效果好。解决办法是在报纸上压一至两本 16K 的杂志,效果还是不错的。

[拓展训练]

[训练] 文字辨识操作(HP G3010)

文字辨识操作相对有些复杂,有些扫描仪厂商为了方便文字辨识操作,对其中的某些操作

进行了固化。

步骤1：放正文稿。

步骤2：双击桌面上的"HP 解决方案中心"图标 ，启动扫描软件。

步骤3：在"HP 解决方案中心"对话框中，选择"扫描文档"，如图 1-3-8 所示。

步骤4：在"扫描文档"对话框中，选择"将文本 OCR 扫描到 RTF 文档"，点击"更改设置"，选择"文本文件"，如图 1-3-9 所示。

> **小贴士**
>
> 由于 HP 在文字辨识操作中对其中的某些操作进行了固化，所以文稿必须放正。

图 1-3-8　HP 解决方案中心

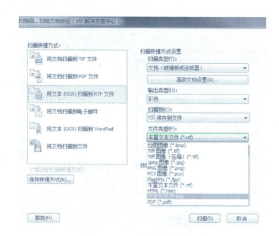

图 1-3-9　文字辨识设置

步骤5：确定"扫描文件名"和"保存位置"，如图 1-3-10 所示。

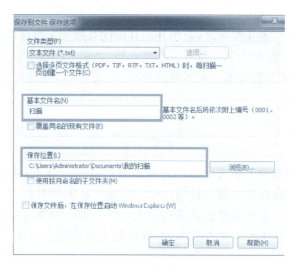

图 1-3-10　保存设置

步骤6：截取扫描范围，如图 1-3-11 所示。

步骤7：点击"完成"，进行扫描。

步骤8：等待扫描进程完毕，就可以在保存位置看到相应的文本文档。

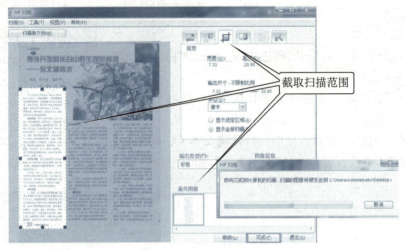

图 1-3-11　截取扫描范围

任务 4　完成图文并扫

[任务目标]

能够将图文混排的纸质原稿一并扫描进计算机,以 RTF 格式保存。

[任务情境]

办公室陈主任交给小方几本杂志,要小凡把其中的几篇图文混排的文章输入电脑,作为一般可编辑资料保存,最好保留原来的排版。小方心想,如果先扫图片,再扫文字,再到 Word 把文字图片重新编排,这样非常繁琐。可不可以把图像、文字一并扫描,提高工作效率呢?于是小方又试着动手做起来。

[任务解析]

本次任务是把印刷刊物上图文混排的资料一并扫描进计算机,并以 RTF(Word)格式保存。图文一并扫描进计算机的关键是设别后的保存格式必须是 RTF(丰富文本文件)。同时,必须明确使用的识别软件是否支持自动分析图文这一功能。如果支持的话,在进行这类扫描识别时,OCR 软件会自动计算出文本的内容、位置和先后顺序。文字部分可以按照标示顺序正常识别。

[实训] 图文并扫(HP G3010)

步骤 1:放正文稿。这步很重要。
步骤 2:双击桌面上的"HP 解决方案中心",启动扫描软件。

步骤3：在"HP解决方案中心"对话框中，选择"扫描文档"，如图1-4-1所示。

图1-4-1 选择"扫描文档"

步骤4：在"扫描文档"对话框中，选择"将文本OCR扫描到RTF文档"，如图1-4-2所示。

步骤5：确定"扫描文件名"和"保存位置"，如图1-4-3所示。

步骤6：截取扫描范围，如图1-4-4所示。

步骤7：点击"完成"，进行扫描，如图1-4-5所示。

小贴士

TXT文档只能保存文字，而RTF可以保存文字和图像。

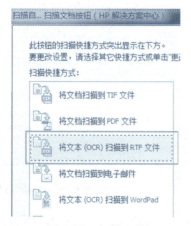

图1-4-2 扫描目的

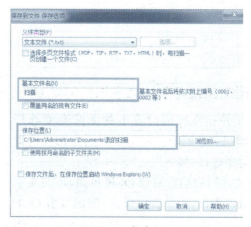

图1-4-3 保存设置

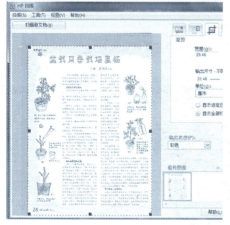

图1-4-4 截取扫描范围

图1-4-5 扫描进行中

步骤8:等待"正在处理页"工作完毕,就可以在保存位置看到相应的 RTF 文档,如图 1-4-6 所示。

步骤9:打开扫描后得到的 RTF 文档,就可以看到图片和可编辑的文字同时存在文档中,如图 1-4-7 所示。

图 1-4-6　正在识别　　　　　　　图 1-4-7　Word 中的图文

[知识链接]

一、图文并扫与单纯文字识别的区别

① 图文并扫在扫描设置中的图像类型选择"彩色",如图 1-4-8 所示。而文字识别在扫描设置中的图像类型选择"黑白"。

② 图文并扫扫描后回到 OCR 界面,不在文字图像中拉取识别框,而是直接单击"辨识",由 OCR 自动分析文稿版面,区别文字版面和图像版面,如图 1-4-9 所示。而文字识别一般都是按识别顺序手动拉取识别框。

图 1-4-8　图文并扫选择"彩色"

图 1-4-9　OCR 自动区别文字版面和图像版面

③ 识别后保存时,图文并扫选择保存类型为 RTF 文件,如图 1-4-10 所示。而文字识别一般选择保存类型为文本文件,方便以后的编辑。

图 1-4-10　保存类型为 RTF 文件

既然可以图文并扫,又方便,效率又高。为什么还要分开讲解图片扫描和文字识别？事实上图文并扫是方便,但仔细观察图文混扫后的 RTF 文档,会发现文字是在文本框中,并且识别率不高。而且图像中的某些元素也会当成文字进行识别,既影响图像质量,也干扰了文字识别。所以图文并扫只能用于一般性资料扫描。

[拓展训练]

[训练]

分别用图文并扫和单纯文字识别扫描同一杂志页面(图文混排),在设置相同扫描参数情况下,观察两者之间文字分辨率的高低。

任务 5　对扫描仪进行常规维护

[任务目标]

① 了解扫描仪经常出现的故障和解决方法。
② 能对扫描仪进行常规维护。

[任务情境]

小方使用一段时间扫描仪后,发现扫描仪在工作的时候,噪声比平时大了许多,而且由于长时间的使用,扫描仪机身比较脏,需要进行维护和清洁。同时,在使用过程中出现过好几次"找不到扫描仪"故障。小方决定请教 EPSON 工作人员,自己动手对扫描仪进行一次常规维护。

[任务解析]

扫描仪常见故障有:找不到扫描仪,扫描仪工作时有噪音,扫描出来的画面模糊这三种故障。通常在扫描仪操作手册中都有简单故障排除的方法和步骤,只要按步骤进行调试和处理都能排除故障,遇到不明确的地方可以联系相应的厂商进行技术指导。扫描仪的常规维护关键在于仔细,用对清洁剂和润滑油。像扫描仪工作时有噪音、扫描出来的画面模糊这两种故障,通过常规维护就可排除。

[实训 1] 排除"找不到扫描仪"故障

步骤 1:首先观察扫描仪的电源及 USB 线接口是否已经连接好。

步骤 2：然后确认是否先开启扫描仪的电源，然后才启动计算机。

步骤 3：在 Windows 的"设备管理器"中进行刷新，查看扫描仪是否有自检，绿色指示灯是否常亮，如果是，则可排除扫描仪本身故障的可能性。

步骤 4：如果扫描仪的指示灯不停地闪烁，表明扫描仪状态不正常，应重新安装扫描仪驱动程序。同时还要检查扫描仪是否与其他设备有冲突。一般这种情况下，设备管理器相应位置会有感叹号，如图 1-5-1 所示。

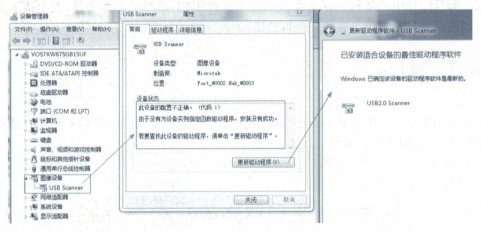

图 1-5-1 扫描仪状态不正常

一般来说通过上述操作，基本可以排除"找不到扫描仪"故障。

[实训 2] 对扫描仪进行一次常规维护

步骤 1：用一块干燥的软布把扫描仪的外壳擦拭一遍（不包括玻璃平板），然后用一块湿布把外壳再仔细擦拭一遍。

步骤 2：锁上扫描仪安全锁。拆开扫描仪的上部（连着玻璃平板的），如果发现里面的灰尘比较多，可以用洗耳球吹一下，初步除灰。

步骤 3：准备一瓶蒸馏水和一包脱脂棉。找到扫描仪的发光管、反光镜，把脱脂棉用蒸馏水弄湿，然后小心地在发光管和反光镜上擦拭。注意，一定要轻，不要改变光学配件的位置。

步骤 4：如果发现扫描仪在使用过程中移动时有些噪声，则要用缝纫机油滴在滑动杆上擦拭，增加它的润滑程度，可以消除噪声问题。

步骤 5：扫描仪内部全部清洁完毕后，把机器装好。

步骤 6：最后用玻璃清洁剂擦拭一遍平板玻璃，接着再用软干布将其擦干擦净。扫描仪就焕然一新了。

[知识链接]

为了减少使用过程中出现的故障，延长扫描仪使用寿命，应该学会对扫描仪进行简单的保养与维护。要点如下：

① 搬动扫描仪前，应先确定扫描仪的灯管回归原位，再找出扫描仪的锁定设备，将其推到锁定位。使用前必须先打开锁。

② 扫描仪在工作时不要中途切断电源，一般要等到扫描仪的镜组完全归位后，再切断电源，这对扫描仪电路芯片的正常工作是非常有意义的。长期不用应拔掉电源变换器。

③ 放置锋利物品时不要随便移动以免划伤玻璃，包括反射稿上的订书针；放下上盖时不要用力过猛，以免打碎玻璃。

④ 扫描仪应该摆放在远离窗户的地方，应为窗户附近的灰尘比较多，而且会受到阳光的直射，会减少塑料部件的使用寿命。

⑤ 由于扫描仪在工作中会产生静电，从而吸附大量灰尘进入机体影响镜组的工作。因此，不要用容易掉渣的织物（绒制品，棉织品等）来覆盖，可以用丝绸或蜡染布等进行覆盖，房间保持适当的湿度可以避免灰尘对扫描仪的影响。

⑥ 一些扫描仪在设计上并没有完全切断电源的开关，当用户不用时，扫描仪的灯管依然是亮着的，由于扫描仪灯管也是消耗品，所以建议用户在不用时切断电源。

[拓展训练]

[训练] 常规清洁维护

对自己使用的扫描仪进行一次常规清洁维护。

[项目评价]

序号	评价项目	评价关键点	学生自评	教师评价	配分
1	扫描仪安装	能选择合适的放置位置			2
		能找到开锁位置，正确开锁关锁			3
2	扫描仪开启及文件的放置	能正确开启扫描仪			2
		能正确放置扫描材料			5
		能正确启动退出扫描软件			3
3	图像扫描	能使用预览键			5
		能用选择框选出扫描范围			5
		会设置扫描分辨率			10
		会设置图像的色彩模式			5
		会使用图像扫描增强工具			5
		能正确保存图像			5
4	文字识别	会进入OCR，选择扫描仪			2
		会设置文字的图像类型			5
		能设置合适的分辨率			10
		能正确调整亮度、对比度			10

续 表

序号	评价项目	评价关键点	学生自评	教师评价	配分
		能调整倾斜度			5
		能划定识别框			5
		能对不同类型文档保存			5
5	扫描仪维护	能排除"找不到扫描仪"故障			5
		能清洁扫描仪			5

项目二　打印机的使用与维护

[项目概述]

　　打印机是一种计算机外部输出设备,通过打印机,我们可以把计算机中储存的数字化图像和文字打印在各种介质上。当前,在各行业普遍使用的打印机主要有三类:针式打印机、激光打印机和喷墨打印机。

　　由于采用物理击打打印,使得针式打印机具有独特的"复写"功能,财务应用中特有的票据、单据、凭证、各种报表等,都离不开针式打印机;激光打印机具有速度快、分辨率高、工作噪声低并且能产生图文并茂的高质量的图像和文稿等诸多优点,受到日常办公室用户的青睐;喷墨打印机比较突出的优点有价格低、操作简单方便、使用专用纸张时可以打出和照片相媲美的图片等。

[项目目标]

1. 技能目标

① 能依照产品说明书安装打印机。
② 会使用打印机完成典型打印任务。
③ 能排除打印过程中的简单故障。
④ 能对打印机进行常规维护与保养。

2. 知识目标

了解不同打印机的应用范围。

任务1　安装打印机

[任务目标]

① 能依照说明书完成打印机的硬件安装和驱动程序安装。
② 能打印出测试页并设置默认打印机。

[任务情境]

　　办公室到了台 HP LaserJet 1020 激光打印机。陈主任要小方抓紧帮办公室把打印机安装好,方便工作。小方有了之前安装扫描仪的经验,有信心对照说明书自己安装和连接 HP LaserJet 1020 激光打印机,把自己在学校学过的技能用上。

[任务解析]

有了之前安装扫描仪的经验,可以说打印机的安装也是类同的,只要在安装前仔细阅读用户手册,按照用户手册的安装步骤要求,就可以完成激光打印机的安装工作。打印机的安装分为硬件部分和软件部分的安装。其安装过程可参考对应的使用说明书。认真阅读打印机的使用说明书,了解相关的注意事项,是完成本次任务的关键。在安装前应该对打印机各部件名称有所了解,这样在操作时才能有所对应。打印出测试页标志着整个安装任务完成。虽然本次任务针对激光打印机,实际上针式打印机和喷墨打印机的安装也基本相同。

[实训 1] 打印机硬件连接(HP LaserJet 1020)

步骤 1:将打印机放置在桌面上,打开正面的保护面板,拉出主进纸盘。然后,去除主进纸盘和出纸槽上的保护胶带,按图中箭头所示方向操作,如图 2-1-1 所示。

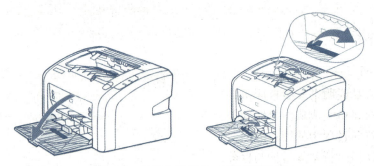

图 2-1-1　拉出主进纸盘、去除保护胶带

步骤 2:将出纸槽外翻,然后掀开打印碳粉盒端盖,按图中箭头所示方向操作,如图 2-1-2 所示。

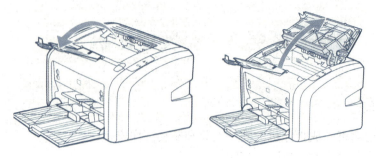

图 2-1-2　掀开碳粉盒端盖

步骤 3:将硒鼓从硒鼓保护套中取出,然后,将取出的硒鼓前后摇动数次,使硒鼓中的碳粉均匀分布在硒鼓中,按图 2-1-3 中箭头所示方向操作。

图 2-1-3 摇均匀硒鼓中的碳粉

步骤 4：然后去除硒鼓上的保护胶条，将硒鼓放入打印机中，按图 2-1-4 中箭头所示方向操作。

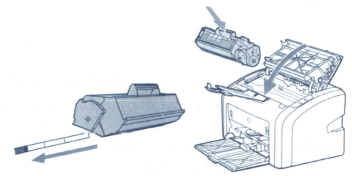

图 2-1-4 去除保护胶条，放入硒鼓

步骤 5：调整主进纸槽标尺位置，将平整的打印纸放入主进纸槽，准备进行打印测试。
步骤 6：连接打印机电源线，如图 2-1-5 所示。

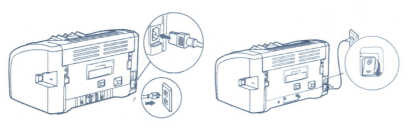

图 2-1-5 连接打印机电源线

[实训 2] 打印机驱动程序安装

步骤 1：将随机驱动光盘放入计算机光驱中，按照屏幕指示进行安装。

步骤 2：在软件安装过程中，根据屏幕指示"连接 USB 电缆"时，将 USB 电缆的另一端插入计算机，如图 2-1-6 所示。安装完毕后在计算机桌面右下角会出现如图 2-1-7 提示。

 小贴士

在没有安装打印驱动程序之前，请不要连接打印机和计算机的 USB 线。

步骤 3：打印测试页。打印机测试页是驻留在打印机内存中的打印机信息页。在安装期间，可以选择打印测试页。如果打印了测试页，表明已正确安装了打印机。

图 2-1-6　连接 USB 电缆

图 2-1-7　安装成功

[实训 3] 设置默认打印机

有时计算机安装了多个打印机驱动程序,在具体打印操作时,计算机只是执行默认的那个打印机驱动程序。当用户使用某个型号的打印机时,应先把这个型号的打印机设置为默认打印机,这样打印机才会正常工作。

设置默认打印机步骤:
步骤 1:单击"开始"菜单,选择"打印机和传真"项。
步骤 2:选择打印机,单击鼠标右键,选择"设置为默认打印机",如图 2-1-8 所示。
步骤 3:设置完成。默认打印机上会有一个小勾,如图 2-1-9 所示。

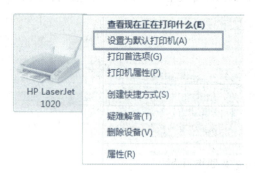
图 2-1-8　设置默认打印机

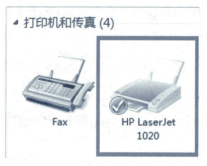
图 2-1-9　默认打印机标示

[知识链接]

一、选择合适的打印机安装环境

激光打印机对安装环境和位置是有讲究的,这对保证打印机的正常工作很有益处,因此安置激光打印机时要注意以下几个方面:
① 不要将打印机放置在不稳定的表面或接近辐射或热源的地方。
② 不要堵上或盖住插孔以及打印机机箱的开口,不要将物品插入插孔。
③ 在打印机四周留有足够的空间以便操作或维修。
④ 不要将打印机放置在多尘的环境中。
⑤ 避免在温度或湿度剧烈变化的地方使用或放置打印机,使打印机远离阳光直射、强光、

潮湿的地方。

⑥ 将打印机放置在靠近墙壁插座的地方,使插头容易拔下。

二、激光打印机各部件名称及功能(HP1020)

1. 打印机正面(如图 2-1-10 所示)

各部件名称:①"注意"指示灯;②"就绪"指示灯;③打印碳粉盒端盖;④输出介质支架;⑤优先进纸槽;⑥150页主进纸盘;⑦出纸槽。

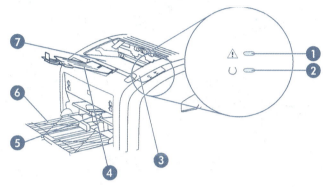

图 2-1-10　HP LaserJet 1020 激光打印机正面

2. 打印机背面(如图 2-1-11 所示)

各组件名称:①电源开关;②电源插座;③USB 端口。

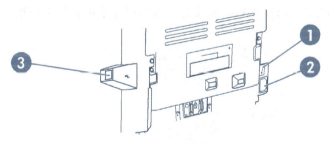

图 2-1-11　HP LaserJet 1020 激光打印机背面

3. 打印机控制面板(如图 2-1-12 所示)

打印机控制面板由两个指示灯组成,这些指示灯模式用于确定打印机的状态,如图 2-1-12 所示。

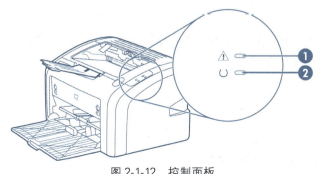

图 2-1-12　控制面板

各组件名称及功能：①"注意"指示灯：表明打印机进纸盘已空、打印碳粉盒端盖打开、没有打印碳粉盒或者其他错误；②"就绪"指示灯：表明打印机已准备好打印。

4. 优先进纸槽

在送入单张打印纸、信封、明信片、标签或投影胶片时，应当使用优先进纸槽。要将文档的第一页打印在与文档其余部分不同的介质上，也可以使用优先进纸槽，如图 2-1-13 所示。

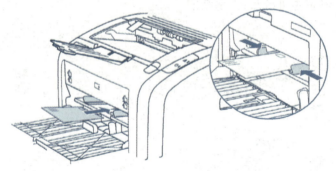

图 2-1-13　优先进纸槽

5. 主进纸盘

主进纸盘位于打印机的前部，可容纳多达 150 张 20 磅的纸或其他介质，如图 2-1-14 所示。

介质导板可以保证介质正确装入打印机，防止打印歪斜。主进纸盘两侧和前面各有一个介质导板，在装入介质时，调整介质导板使之适合所用介质的长度和宽度。

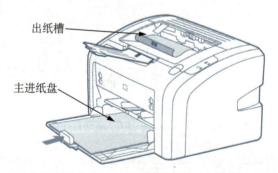

图 2-1-14　HP LaserJet 1020 激光打印机主进纸盘

6. 出纸槽

出纸槽位于打印机的顶部，已打印完的介质按正确顺序集中放在此处，输出介质为大批量打印作业，提供了改进的叠放功能。

［拓展训练］

［训练1］　针式打印机硬件安装

步骤 1：将电源开关置于 OFF，如图 2-1-15 所示。

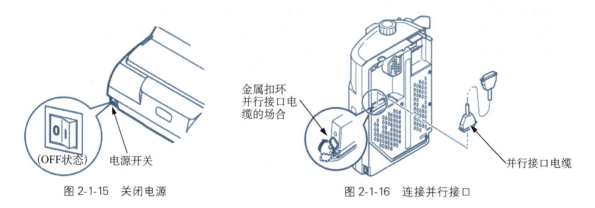

图 2-1-15 关闭电源　　　　　　图 2-1-16 连接并行接口

步骤2：连接接口电缆。用打印机侧的金属扣环固定电缆，以免脱落，如图2-1-16所示。
步骤3：将接口电缆连接到电脑。

[训练 2] 喷墨打印机硬件安装

喷墨打印机的驱动程序安装和激光打印机相同。硬件安装我们通过 HP OfficejetK5300 的安装过程来学习。

步骤1：打开包装，除去保护胶条，如图2-1-17所示。

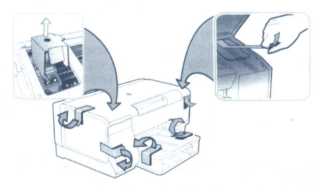

图 2-1-17 除去保护胶条

步骤2：打开墨盒盖，装入墨盒，如图2-1-18所示。

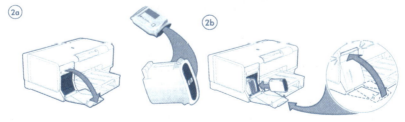

图 2-1-18 装入墨盒

步骤3：打开打印头锁栓，装入打印头。安装打印头之前，请先将包装原封未动的打印头上下摇晃至少六次。去除新打印头的包装材料，然后取下橙色保护盖，将打印头插入颜色代码插槽(打印头上的标签必须与打印头锁栓上的标签一致)。用力按压打印头以确保接触良好。将打印头锁栓向前拉到头,然后按下以确保锁栓正确扣上,可能需要用些力才能扣上锁栓,如图 2-1-19 所示。

小贴士

取下打印头保护盖后,请不要再摇晃打印头。

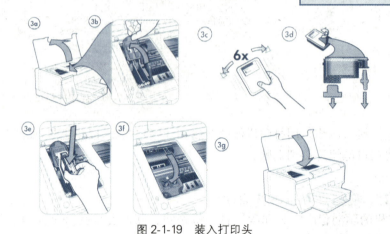

图 2-1-19　装入打印头

步骤 4:接上打印机专用电源,按控制面板上的"电源"按钮,启动打印机,如图 2-1-20 所示。

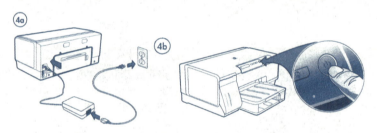

图 2-1-20　启动打印机

步骤 5:装入打印纸,按控制面板上的"恢复"按钮。当打印出测试页,表明喷墨打印机的硬件安装完毕,如图 2-1-21 所示。

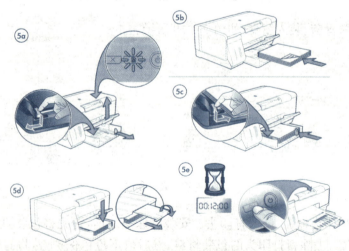

图 2-1-21　打印出测试页

任务 2　打印快递单（针式打印机）

[任务目标]

① 熟悉针式打印机操作面板各按键功能。
② 能打印单张快递单。
③ 能批量打印快递单。

[任务情境]

小方的朋友小童是开网店的，生意逐渐好起来了，可填写快递单也写得手发酸。小童忙中出错，好几次把收件人的地址写错。小方就建议她买一台针式打印机来帮助填写打印快递单。这样可以很方便地把淘宝上交易的买家信息复制到快递单，既减轻手写的劳累，又方便快捷不出错。小童接受了小方的建议，买了台 EPSON LQ - 730K 针式打印机，在小方的配合下，逐渐熟悉了如何打印快递单。

[任务解析]

要进行票据、报表等单据的多层打印，唯有针式打印机才能够胜任。例如，快递单都是一式 5 联，只有针式这种点阵式的打印能将每个字压印出来，使纸张有针打的凹痕，在下一联中同样能显示。要打印快递单，首先要根据打印内容明确是单张纸打印还是连续纸打印，其次要熟悉"进纸/退纸"、"换行/换页"和"暂停"键的运用。整个过程分两步：一是在快递单打印软件上的填写和设置，二是在针式打印机上的相关设置。

[实训 1] 打印单张快递单（LQ - 730K 针式打印机）

步骤 1：确保导纸器和色带架已安装。然后关闭位于打印机后部的拖纸器链齿盖，并按下链齿锁定杆，使链齿锁定到位。

步骤 2：将电源开关置于 ON。将过纸控制杆设于单页纸"　"位置，如图 2-2-1 所示。

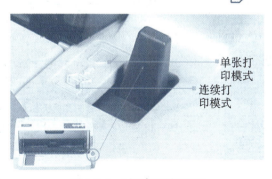

图 2-2-1　过纸控制杆调节

步骤3：将纸张厚度调节杆拨至刻度"5"（对应一式5联快递单），如图2-2-2所示。

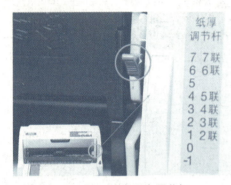

图2-2-2　纸张厚度调节杆

图2-2-3　放入单张快递单

步骤4：放入要打印的空白快递单。将打印纸的打印面朝上，并将其按图所示箭头方向，左端对齐导纸器（调节滑块），笔直插入，直至其抵达内侧尽头。几秒钟后，打印机自动进纸到装入位置，如图2-2-3所示。

步骤5：单击"开始"菜单，选择"打印机和传真"项。选择LQ－730K针式打印机，单击鼠标右键，选择"设置为默认打印机"。设置完成后默认打印机上会有一个小勾，如图2-2-4所示。

图2-2-4　设为默认打印机

步骤6：单击"开始"菜单，选择"打印机和传真"项。左键单击LQ－730K针式打印机，进入"打印机服务器属性"设置，如图2-2-5所示。

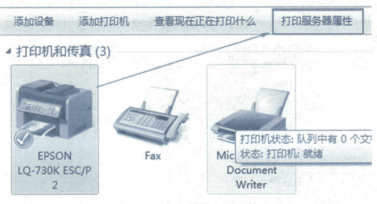

图2-2-5　打印机服务器属性

步骤 7：在"打印机服务器属性"对话框中，单击 ![更改表单设置(G)] 进入新的表单设置，如图 2-2-6 所示。

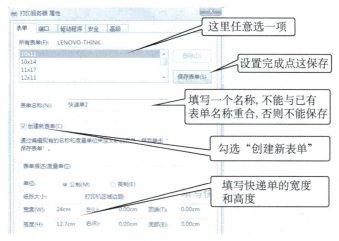

图 2-2-6 新的表单设置

步骤 8：在新的表单设置对话框中，勾选"创建新表单"；填写一个自己设定的名称；填写快递单的宽度和高度。最后点击"保存表单"保存设置。

步骤 9：单击"开始"菜单，选择"打印机和传真"项。选择 LQ-730K 针式打印机，单击鼠标右键，选择"打印首选项"。

步骤 10：在"打印首选项"对话框中"布局"页中，选择"纵向"。然后在"用户自定义纸张"项中选择在打印服务器中设置的新表单，如图 2-2-7 所示。

小贴士

自己设定的新表单名称不能和打印服务器中已有表单名称重合，否则新表单不能保存。

图 2-2-7 打印首选项设置

步骤 11：在"打印首选项"对话框中"布局"页中，点击 ![高级(V)...] 进入高级选项。在"纸张/输出"项中选择在打印服务器中设置的新表单，如图 2-2-8 所示。

图 2-2-8 高级选项

步骤12：上述设置完毕后，就可以利用各种快递单打印软件，填写或导入发件人和收件人的信息，直接打印出快递单了，如图2-2-9所示。

图 2-2-9　利用快递单打印软件

[实训2] 连续批量打印快递单（LQ-730K 针式打印机）

连续批量打印快递单的"打印首选项"和"打印机服务器属性"设置于打印单张快递单相同，重点在打印机上的设置。

步骤1：完成打印快递单的"打印首选项"和"打印机服务器属性"设置。（请参考[实训1]）
步骤2：确保过纸控制杆设置到拖纸器进纸位置（连续打印），如图2-2-10所示。
步骤3：将导轨滑动到最左边，如图2-2-11所示。

图 2-2-10　连续打印位置　　　　　图 2-2-11　导轨滑到最左边

步骤4：将纸张厚度调节杆拨至刻度"5"（对应一式5联快递单），如图2-2-12所示。
步骤5：面对打印机后部，上推链齿轮锁定杆可将其打开，如图2-2-13所示。

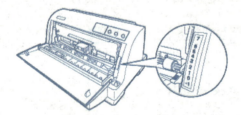
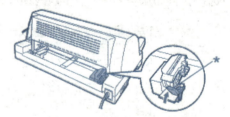

图 2-2-12　调节纸张厚度　　　　　图 2-2-13　打开链齿轮锁定杆

项目二 打印机的使用与维护

步骤6：滑动左链齿，使链齿插销对齐打印机后部左侧的0位置。然后按下链齿轮锁定杆将其固定在此位置，如图2-2-14所示。

步骤7：滑动右链齿使其大致匹配快递单宽度，但不要锁定，如图2-2-15所示。

步骤8：滑动中央托纸块到左右链齿中间，如图2-2-16所示。

步骤9：打开两边的链齿盖，如图2-2-17所示。

> **小贴士**
>
> 打印头从打印机后部的0位置处开始打印，0位置左侧是不可打印的区域。

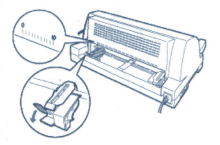

图2-2-14　左侧的0位置

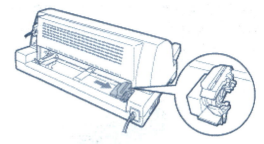

图2-2-15　滑动右链齿

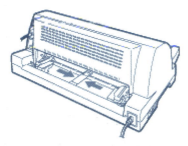

图2-2-16　滑动中央托纸块

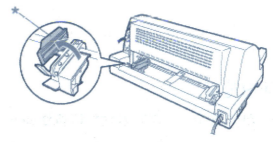

图2-2-17　打开两边的链齿盖

步骤10：可打印面朝上，将连续快递单的前两个孔穿进两边链齿的齿上，并确认打印纸的位置，如图2-2-18所示。

步骤11：关闭链齿盖，如图2-2-19所示。

步骤12：滑动右链齿将纸拉平，然后按下链齿锁定杆将右链齿固定在此位置，如图2-2-20所示。

步骤13：在"打印首选项"对话框的"纸张/质量"页中，选择"滚动进纸器"，如图2-2-21所示。

> **小贴士**
>
> 确保连续纸的第一张边缘平直、干净，以保证打印机进纸平稳。

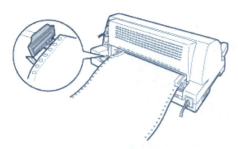

图2-2-18　快递单穿进两边链齿

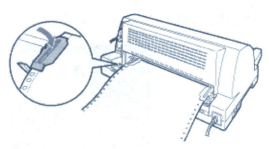

图2-2-19　关闭链齿盖

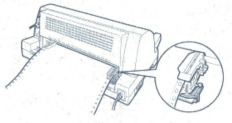
图 2-2-20　固定右链齿

图 2-2-21　选择"滚动进纸器"

步骤 14：完成上述设置后，就可以利用各种快递单打印软件，填写或导入发件人和收件人的信息，直接连续打印出快递单了，如图 2-2-22 所示。

> **小贴士**
> 由于快递单相互之间已有撕纸线，所以在连续打印设置中可不需要开启打印机的自动裁纸功能。

图 2-2-22　连续打印出快递单

[知识链接]

一、EPSON LQ-730K 针式打印机结构介绍

① LQ-730K 针式打印机正面，如图 2-2-23 所示。

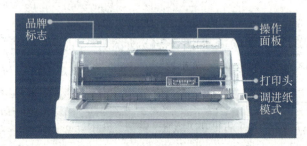
图 2-2-23　LQ-730K 针式打印机正面

② LQ-730K 针式打印机背面，如图 2-2-24 所示。

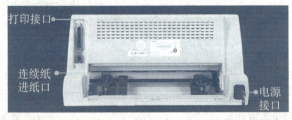
图 2-2-24　LQ-730K 针式打印机背面

二、LQ-730K 针式打印机"控制面板"功能（如图 2-2-25 所示）

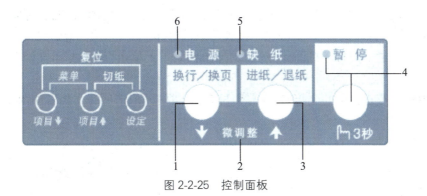

图 2-2-25 控制面板

1. 换行/换页按键

- 短按此按键时,逐行进纸。
- 按住此按键几秒,退出单页纸或将连续纸前进到下一个页顶位置。

2. 微调整

按住暂停按键 3 秒钟后,打印机进入微调整模式。在这种模式中,您可以通过按下"换行/换页"和"进纸/退纸"按键以调整页顶和切纸位置。(参见使用微调整功能)

3. 进纸/退纸按键

- 装入单页纸。
- 如果已装入一页打印纸,则退出此页打印纸。
- 从备用位置装入连续纸。
- 如果已装入一页连续纸,退出连续纸到备用位置。

4. 暂停按键

- 暂时停止打印,再次按下此按键时继续打印。
- 当按下此键 3 秒钟,打印机进入微调整模式。当再次按下时,退出微调整模式。
- 打印机暂停时,暂停指示灯亮。
- 打印机处于微调整模式时,暂停指示灯闪烁。

5. 缺纸指示灯

- 当选择的打印纸来源中没有打印纸或打印纸装入不正确时,指示灯亮。
- 当打印纸没有完成退出时此指示灯闪烁。

6. 电源指示灯

- 打印机打开时此指示灯亮。

- 当发生故障错误时此指示灯闪烁。

三、如何取消打印作业

如果打印输出不是期望的结果,并且显示错误或间断的字符、图像,我们可能需要取消打印。当任务栏显示打印机图标时,根据下面说明取消打印。

① 双击任务栏上的打印机图标,然后在打印机菜单上单击"取消打印文档",如图 2-2-26 所示。

② 当取消所有正打印的文档时,在打印机菜单上选择"取消所有文档",如图 2-2-27 所示。

图 2-2-26　双击打印机图标

图 2-2-27　取消所有文档

③ 当取消指定的文档时,选择想取消的文档,然后在其他文档菜单上选择"取消打印任务"。

四、读懂控制面板的错误指示灯信息

如果打印机停止工作并且控制面板上一个或多个指示灯亮或闪烁或者打印机发出蜂鸣声,可以参考以下表格诊断故障并解决问题,如图 2-2-28 所示。

控制板指示灯状态	蜂鸣声模式	问题
		解决
○电源 ○缺纸 ○暂停	…	没有在选中的纸张来源中装入打印纸
		在选中的纸张来源中装入打印纸;缺纸和暂停指示灯灭并且打印打将继续打印
○电源 ☼缺纸 ○暂停	…	没有正确装入打印纸
		取出打印纸然后再正确装入;按下暂停按键。有关装入打印纸的说明,请参见**用户指南**中的"打印纸处理"
		打印纸没有完全退出
		按下进纸/退纸按键可退出打印纸
○电源 ●缺纸 ○暂停	…	过纸控制杆设置在错误位置
		将过纸控制杆设置到您想使用的纸张来源位置。如果其他纸张来源中的打印纸位于当前的纸张通道中,请按下进纸/退纸按键以退出打印纸;然后将过纸控制杆移动到想要的位置

●=关　○=开　☼=闪烁　…=短蜂鸣声(三声蜂鸣声)

图 2-2-28　错误指示灯信息

五、打印过程中卡纸原因

1. 现象描述

针式打印机在打印连续纸出纸时,纸张堆积在打印机内部造成卡纸的问题。如图 2-2-29 所示,打印机前部出纸时纸张堆积在打印机内部;如图 2-2-30 所示,打印机后部纸张褶皱。

图 2-2-29 前部纸张堆积

图 2-2-30 后部纸张褶皱

2. 主要原因分析

① 纸厚调节杆的位置设置不正确,导致打印头距离纸张过近。

② 打印机色带挡片(透明色带挡片)破损变形、被揭去或使用兼容色带,导致纸张受到阻挡,无法顺利走出,如图 2-2-31 所示。

色带挡片破按,并且卷曲上翘

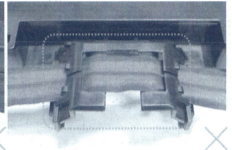
色带挡片被揭去

图 2-2-31 色带挡片原因

③ 纸张太软或太薄,出纸时造成纸张在打印机内上翘变形,无法顺利走出,造成卡纸。

④ 实际使用环境(温度、湿度)超出了打印机的工作条件。

3. 解决方法

① 打开打印机前盖,根据使用的纸张厚度,调整打印机右侧的纸厚调节杆,按图 2-2-32 所示调整到正确的位置。

说明:纸厚调节杆设置的值越大,压纸卷筒与打印头之间的距离就越宽。可能导致打印输出显得暗淡或字符好像被遗漏、丢失;相反,如果设置的值越小,可能导致打印出现污点、进纸不正确或色带损坏。

② 检查色带挡片是否破损或被揭去。打印机的色带上带有色带挡片,取下色带并检查,

打印纸类型	调节杆位置
薄纸	0 或 1
普通纸(单页纸或连续纸)	0
多层拷贝纸(无碳)	
2 页(原件+1 页拷贝)	1
3 页(原件+2 页拷贝)	2
4 页(原件+3 页拷贝)	3
5 页(原件+4 页拷贝)	5
不干胶标签,明信片	2
信封	1 到 6

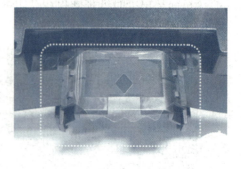

图 2-2-32　纸厚调节　　　　　图 2-2-33　完好的色带挡片

如果色带挡片破损或被揭去,更换原装正品色带,如图 2-2-33 所示。

③ 使用的打印纸符合以下规格,并选用高质量的打印纸:

单页纸厚度:0.065～0.14 毫米,重量:52～90 克/平方米。

多联复写纸厚度:0.12～0.39 毫米,重量:40～58 克/平方米。复印份数:7 份(1 份原件+6 份拷贝)。

④ 确保打印机在温度 15～35℃,湿度 30%～60% 的环境中使用。

[拓展训练]

[训练1] 自动切纸

自动切纸是指打印完成后打印机自动把打印纸退到撕纸位置处,连续纸才能实现,单页纸不存在自动切纸。在单据连续打印过程中如果每打完一张单据都要手工或者按键来调整到下次打印的位置很麻烦。所以一般连续打印时都开启自动切纸功能。

以 LQ-730K 开启自动切纸为例:

步骤1:打开打印机的电源,装入打印纸。同时按下"换行/换页(项目下)"按键和"进纸/退纸(项目上)"按键,直到打印机发出"嘟"的一声,并且开始打印。打印机会打印出当前配置,并进入配置状态,如图 2-2-34 所示。

图 2-2-34　打印出当前配置显示

步骤2:按三下"换行/换页(项目下)"按键。

步骤3:再按一下"暂停/(设定)"按键。
步骤4:按下"换行/换页(项目下)"按键和"进纸/退纸(项目上)"按键,打印机长鸣一声,保存设置。

[训练2] 在驱动程序中开启自动切纸

步骤1:确保打印机电源打开,打印机面板上只有电源灯亮。打印机与电脑是使用并口或USB线连接,打印机通过电脑可以正常打印并且驱动程序的状态为准备就绪。

步骤2:打开打印机的属性,选择"应用工具"选项卡并点击"打印机设置"按钮,如图2-2-35所示。

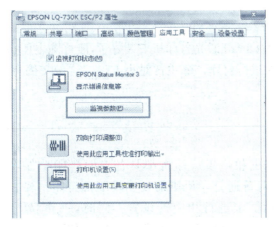

图2-2-35 选择"打印机设置"

步骤3:在"自动切纸"一项的"值"一栏中单击,将默认值"关"改为"开",并点击"更新设置"按钮,如图2-2-36所示。

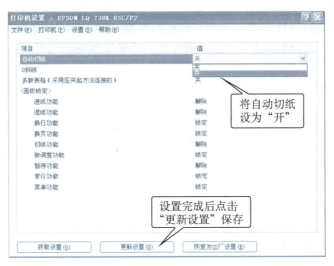

图2-2-36 将"自动切纸"设为"开"

步骤4:以上操作完成后关闭打印机,5秒钟后再次开机,设置即可生效。

任务3 双面打印一份文稿(激光打印机)

[任务目标]

① 熟悉打印对话框的各项功能。
② 能完成 A4 文稿的双面打印。

[任务情境]

办公室的 HP LaserJet 1020 激光打印机安装好了,刚好陈主任有一份文稿要打印 7 份,小方就使用新购置的打印机进行打印。陈主任对小方说:"这份文稿有 30 多页,为了节约纸张,用双面打印吧。"

[任务分析]

一般来说,激光打印机和喷墨打印机都具备双面打印功能,高端的激光打印机还具备自动双面打印功能。对普通打印机则需要手动双面打印。要在一张 A4 纸上进行双面打印,关键是在打印对话框中进行相应的设置。同时,手动双面打印还要注意打印反面时放纸的进序。要牢记的是:进行双面打印(手动双面打印),必须让打印纸从打印机中过两次。

[实训1] 手动双面打印(HP 1020 激光打印机,WIN 7 界面)

步骤 1:执行"文件/打印"命令,显示"打印"对话框,如图 2-3-1 所示。
步骤 2:在"打印"对话框选中"手动双面打印",其他设置保持默认值。

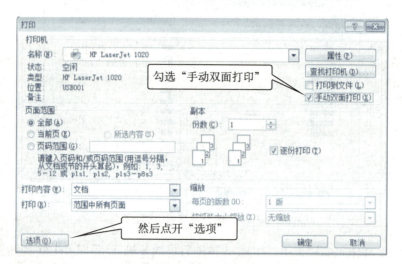

图 2-3-1 "打印"对话框

步骤3：在"打印"对话框中点击"选项"命令，在"高级/打印"选项中，勾选"逆序打印页面"和"在纸张背面打印以进行双面打印"，如图2-3-2所示。

图2-3-2　选项中的设置

小贴士

当开始打印时，打印机会在打印完一面后提示换纸，将纸张背面放入打印机即可打出背面内容。如果正反面都按顺序打印，那么一面打印完毕后每张纸都需要手动调整次序后放入打印机才能按序打印背面，很是麻烦。如果先顺序打印所有的奇数页，再在所有奇数页的背面逆序打印偶数页，就能比较快速地完成双面打印。

步骤4：打印文档，这时会出现如图2-3-3所示提示，先不进行任何操作。

图2-3-3　操作提示

步骤5：打印完第一面后，收集打印好的页面（不用丢弃空白页面），打印好的一面朝下，并重新整理好纸张，如图2-3-4所示。

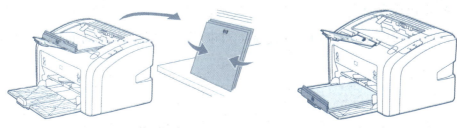

图2-3-4　整理纸张　　　　　　图2-3-5　打印好的一面朝下

步骤6：将纸叠放回进纸盘。第一面应朝下，页眉先送入打印机，如图2-3-5所示。
步骤7：点击图2-3-3提示中的"**确定**"打印第二面。

> **小贴士**
>
> 双面打印时,打印纸最好选未开包的纸张。因为纸张裸露在空气中,容易吸收空气中的水分,含水重的打印纸经过打印机加热后会变形。大量打印时,使用这种变形的纸张容易卡纸。如果打印量不是很大,不要一次性往打印机进纸盒中放入过多的纸张,以免受潮。同时包装内未用完的纸张也需要做好防潮工作。

[实训 2] 取消打印作业

如果在打印机使用过程中,想停止打印机的使用,而不是关闭电源开关,可以采取下面的方法使打印机停止打印工作。

步骤1:用鼠标右键单击任务栏右侧的打印机图标,或选择快捷菜单中的"打开所有现用的打印机和传真"菜单项,并单击,如图 2-3-6 所示。

图 2-3-6 右键单击打印机图标

图 2-3-7 取消所有文档

图 2-3-8 取消所有文档提示

步骤 2:选择"文件"菜单中的"暂停打印"或"取消所有文档"菜单,并单击该菜单项,如图 2-3-7 所示。

步骤 3:在出现图 2-3-8 所示的提示后,选择"是",则停止正在打印的文档。过数秒钟后,打印机将返回到"就绪"状态。

[知识链接]

一、打印机控制面板

HP 1020 激光打印机控制面板由两个指示灯组成。这些指示灯模式用于确定打印机的状态,如图 2-3-9 所示。

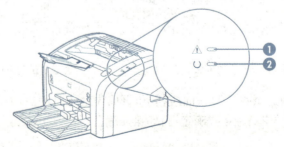

图 2-3-9 打印机控制面板

① "注意"指示灯：表明打印机进纸盘已空、打印碳粉盒端盖打开、没有打印碳粉盒或者其他错误。

② "就绪"指示灯：表明打印机已准备好打印。

控制面板指示灯信息：

指示灯状态	打印机状态	建议操作
	就绪，打印机可以进行打印	无需执行任何操作
	正在处理数据，打印机正在接收或处理数据	等待作业打印；要取消当前作业，按取消按钮
	清洁模式，清洁页或测试页正在打印	等待清洁页或打印机测试页完成打印，并且打印机进入"就绪"状态
	打印机内存不足	所打印的页可能过于复杂，打印机的内存容量不足，尝试降低分辨率
	注意：端盖打开、无介质、无打印碳粉盒或卡纸，此打印机处于错误状态，需要操作员参与	检查以下情况： ＊打印碳粉盒端盖完全关闭，且碳粉盒已正确安装在打印机中。 ＊打印介质已装入，无卡纸
	正在进行打印机初始化	无需执行任何操作
	严重错误，所有指示灯均亮起	拔下打印机电源线30分钟，然后再将打印机电源插头重新插入电源插座
	所有指示灯均熄灭	确保有电。拔下电源线，然后将电源线重新插入打印机和电源插座

⬚ 指示灯灭；▭ 指示灯亮；⌇ 指示灯闪烁。

二、可能损坏打印机的介质

介质可能损坏打印机。必须避免使用以下介质，以防止其损坏打印机：

① 不要使用带有订书钉的介质。

② 不要使用喷墨打印机或其他低温打印机专用的投影胶片，只能使用 HP LaserJet 打印机专用的投影胶片。

③ 不要使用喷墨打印机专用的相纸。

④ 不要使用带有凸饰物或涂层的纸张,也不要使用不适于打印机图像加热组件温度的纸张,选择可以在 0.1 秒内承受 200℃高温的介质。

⑤ 不要使用带有低温染料或采用热写法的信头纸。预打印表单或信头纸必须使用可在 0.1 秒内承受 200℃高温的油墨。

⑥ 不要使用任何会产生有害释放物的介质,也不要使用在 0.1 秒内、200℃温度下会熔化、变形或褪色的介质。

> **小贴士**
>
> 激光打印机在工作中可以产生高达 200℃的高温,输出的介质会很热。

[实训拓展]

[训练] 设置双面打印(WIN XP 界面)

步骤 1:执行"文件/打印"命令,显示"打印"对话框,如图 2-3-10 所示。

图 2-3-10 进入打印属性

步骤 2:单击"属性",在"完成"选项卡上,选择"双面打印(手动)",选择合适的装订选项,单击"确定",如图 2-3-11 所示。

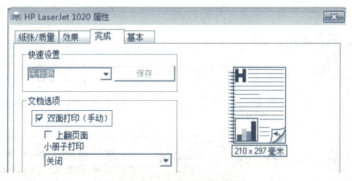

图 2-3-11 勾选"双面打印"

步骤 3:打印文档,打印过程中会出现如图 2-3-12 提示,先不进行任何操作。

步骤 4:打印完第一面后,收集打印好的页面(不用丢弃空白页面)。将打印好的一面朝下,并理直纸叠,保持相同方向,将纸叠插入纸盘。

步骤 5:单击图 2-3-12 中的"继续",进行另一面打印。

> **小贴士**
>
> 手动双面打印会使打印机变脏,降低打印质量。如果打印机脏了,请参阅"任务 5 排除打印故障"中清洁打印机的说明排除故障。

项目二 打印机的使用与维护

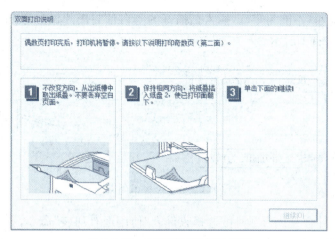

图 2-3-12 "双面打印"提示说明

任务 4　批量打印信封（激光打印机）

[任务目标]

① 能完成不同介质的打印任务。
② 能进行信封、小册子打印。

[任务情境]

小方的母校每年都要招 500 多个新生，写新生录取通知书和抄写录取通知书信封是个繁重的工作，一不小心就会写错。在学习了激光打印机的使用后，小方心想：可不可以通过邮件合并整合整个新生录取信息，利用打印机批量打印信封呢？这样，既可以减轻劳动强度，又能减少抄写差错的产生。

[任务解析]

虽然要打印 500 多份新生录取通知书信封，但仔细分析录取通知书信封版面就可以知道，其实每张录取通知书上不同之处只有"姓名"、"邮编"、"学校"和"录取专业"。我们可以借助 Word 的"邮件合并"来完成此项打印任务。当然，信封打印不同于一般的 A4 纸打印，需要在打印属性中进行相关的设置。

[实训] 打印新生录取通知书信封

步骤 1：将信封以 300 dpi 扫描后备用。同时准备好要打印的新生名单（数据源），进行邮件合并。

步骤 2：在 Word 的"页面设置"中以信封大小设置高度和宽度，同时设置"纸张方向"为横向,"页边距"尽可能小(不能为零)。插入扫描好的空白信封图片做参考,信封图片设置为"衬于文字下方",如图 2-4-1 所示。

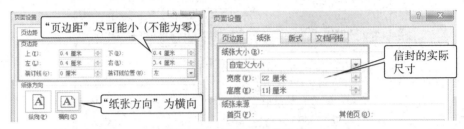

图 2-4-1　页面设置中的设置

步骤 3:开始邮件合并执行"邮件/选择收件人/使用现有列表"命令,导入准备好的数据源"新生录取名单",如图 2-4-2 所示。

图 2-4-2　导入数据源

步骤 4:在"邮编"、"姓名"和"毕业学校"相应空白处分别插入文本框,边框和填充都设置为无色。在文本框中分别插入合并域中的"邮编"、"姓名"和"毕业学校",如图 2-4-3 所示。

步骤 5:通过"预览结果"调出文字信息,调整文字的大小、间距等,使其符合信封的要求,如图 2-4-4 所示。

图 2-4-3　插入合并域

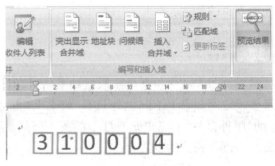

图 2-4-4　调整文字

步骤 6:点击"预览结果"中的序号,可以看到做好的 500 多位新生录取名单,如图 2-4-5 所示。

步骤 7:删除先前插入做参考的空白信封图片,就可以开始逐张打印了。

图 2-4-5 查看邮件合并结果

步骤8：在装入信封之前，将介质导板向外滑动，比信封略宽，如图 2-4-6 所示。

步骤9：装入信封时应将打印纸面朝上，并使顶边紧靠左介质导板，如果信封的短边有封舌，首先应把此边装入打印机。

步骤10：根据信封宽度调整介质导板，如图 2-4-7 所示。

> **小贴士**
>
> 打印信封等不规则纸张，由于纸张厚度和材质的特殊，容易出现卡纸故障，所以一般情况下不建议成批打印，故这里不完成邮件合并就打印。

图 2-4-6 介质导板

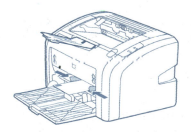

图 2-4-7 调整介质导板宽度

步骤11：访问打印机属性。在"纸张/质量"选项卡上，选择"信封"作为介质，打印尺寸选择"DL 信封"，在右侧会显示相应信封的尺寸，如图 2-4-8 所示。

步骤12：打印信封。

图 2-4-8 信封打印设置

[知识链接]

一、如何在投影胶片或标签上打印

① 在优先进纸槽中装入单页纸或在主进纸盘中装入多页纸，保证打印纸面朝上。
② 调整介质导板。
③ 设置打印机属性。
④ 在"纸张/质量"选项卡上，选择正确的介质类型。
⑤ 打印文档。

二、如何在自定义尺寸的介质和卡片纸上打印

① 装入介质时窄边在前，打印面朝上。根据介质调整介质导板。

② 访问打印机属性。
③ 在"纸张/质量"选项卡上选择自定义尺寸的选项,指定自定义尺寸介质的尺寸。
④ 打印文档。

三、如何清洁取纸滚筒

如果打印机经常发生取纸错误(无介质送入),这在信封打印时常有发生,最好更换或清洁取纸滚筒。具体步骤如下:
① 关闭打印机,然后拔下电源线,等待打印机冷却。
② 打开打印碳粉盒端盖,取出打印碳粉。
③ 找到取纸滚筒。
④ 松开取纸滚筒两侧的白色小压片,将取纸滚筒向前方旋转,如图2-4-9所示。
⑤ 轻轻地向上、向外拉出取纸滚筒,如图2-4-10所示。

图2-4-9 松开两侧的白色小压片

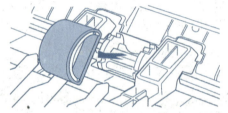
图2-4-10 向上、向外拉出取纸滚筒

⑥ 使用干燥的无绒布擦去取纸滚筒上的浮尘,如图2-4-11所示。
⑦ 用一块无绒布蘸上酒精,擦洗滚筒,如图2-4-12所示。

图2-4-11 干燥的无绒布擦去浮尘

图2-4-12 无绒布蘸上酒精擦洗

⑧ 将清洁后的取纸滚筒放入纸槽。要注意圆形和矩形槽口,每一侧的圆形和矩形槽口会阻止正确安装取纸滚筒,放入时两侧均卡入到位,如图2-4-13所示。

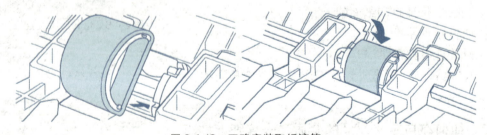
图2-4-13 正确安装取纸滚筒

⑨ 将新的取纸滚筒的顶部向远离自己的方向旋转,直到两侧均卡入到位。

⑩ 重新安装打印碳粉盒,并关闭打印碳粉盒端盖。

⑪ 将打印机电源插头插入电源插座,然后打开打印机。

小贴士

先将取纸滚筒完全风干,然后再将其重新装入打印机。

[拓展训练]

[训练] 用A4纸打印小册子

步骤1:将纸张装入主进纸盘。

步骤2:访问打印机属性。

步骤3:在"完成"选项卡上,选择"双面打印(手动)"。选择合适的装订选项,并单击"确定",如图2-4-14所示。

步骤4:打印文档,会出现如图2-4-15所示的打印操作提示。

图2-4-14 打印小册子设置

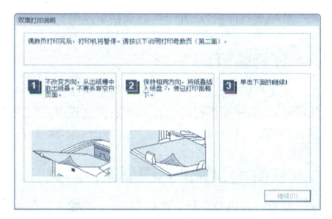

图2-4-15 打印操作提示

步骤5:打印完第一面后,收集打印好的页面,将打印好的一面朝下,并理直纸叠,如图2-4-16所示。

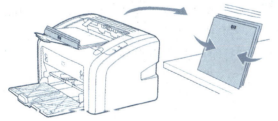

图2-4-16 打印好的一面朝下

步骤6:点击图2-4-15打印操作提示中的"确定",打印第二面。

步骤7:折叠并装订页面,如图2-4-17所示。

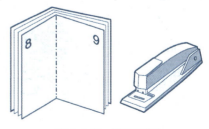

图2-4-17 装订页面

任务 5 打印一份彩色文稿（喷墨打印机）

[任务目标]

① 能根据不同打印要求使用喷墨打印机。
② 能读懂打印机控制面板和诊断页信息。

[任务情境]

公司受某商场委托，对商场的顾客满意度进行调查。调查报告出来了，其中的图表和某些示意图，领导指示最好用彩色打印，让客户一目了然。刚好办公室有一台 HP Officejet Pro K5300 喷墨打印机，小方很热心地接下这个打印任务。

[任务解析]

喷墨打印机操作简单方便，使用专用纸张时可以打出和照片相媲美的图片。本次任务虽然简单，但有些喷墨打印机在具体操作过程中，还是有很多注意事项的。例如最小页边距的设置、打印纸的选择、打印后文稿的放置等。本次任务完成的关键是在打印前的准备工作。

[实训 1] 打印"打印质量诊断页"

喷墨打印机有个最大的缺点，就是喷嘴或打印头很容易堵塞，特别是一段时间不用，影响打印效果。使用"打印质量诊断页"可以对影响打印质量的问题进行诊断，帮助决定是否需要运行维护服务以改进打印输出的质量。也可以在该页上查看墨水量信息和打印头的健康状况。所以在正式打印文稿之前，建议先打印"打印质量诊断页"。

图 2-5-1 打印机服务

步骤 1：执行"开始/设备和打印机"命令。

步骤 2：在"设备和打印机"窗口中，右键点击"HP Officejet Pro K5300 Series"图标，选择"打印首选项"菜单项。

步骤 3：在"打印首选项"窗口中选择"功能"选项卡，然后点击"打印机服务"按钮，如图 2-5-1 所示。

步骤 4：在"HP Officejet Pro K5300 Series 工具箱"窗口中，点击"服务"选项卡，再点击"打印 PQ（打印质量）诊断页"前面的按钮，如图 2-5-2 所示。

步骤 5：在"打印 PQ（打印质量）诊断页"窗口中，点击"打印"按钮，如图 2-5-3 所示。

图 2-5-2　打印 PQ(打印质量)诊断页

图 2-5-3　打印

步骤 6：打印机会打印一张质量诊断页，如图 2-5-4 所示。请根据下表判定，并进行相应的操作。

①	打印机信息	显示产品名称、型号、序列号、服务 ID、固件版本、自动双面打印单元安装状态以及打印机已打印页数等信息
②	测试图案 1	显示的线条如果不平直或者不连续，请校准打印头
③	测试图案 2	显示的色块上如果出现白道，请清洁打印头
④	测试图案 3	如果箭头所指部分出现黑色条纹或者白色间隙，请执行校准换行

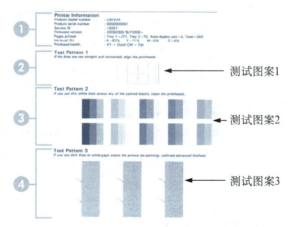

图 2-5-4　质量诊断页

步骤 7：根据质量诊断页上的信息做相应的操作。

[实训 2] 打印彩色文档

步骤 1：提起出纸盘，如图 2-5-5 所示。

步骤2：打印面朝下，沿着纸盘的右侧插入介质。确保介质叠与纸盘的右边和后边对齐，并且不会超出纸盘上的标记线。由于本次要打印彩色文档，故使用喷墨打印机专用纸。

步骤3：滑动纸盘中的介质导板进行调整，使之适合装入的介质尺寸，然后放下出纸盘，如图2-5-6所示。

小贴士

切勿在设备正在打印时装纸，也不可在同一纸盘装不同介质。

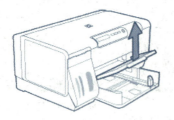

图2-5-5　提起出纸盘　　　　图2-5-6　调整介质导板

步骤4：拉出出纸盘的延伸板，如图2-5-7所示。
步骤5：打印出打印质量诊断页，检查无误后执行之后的操作。
步骤6：打开要打印的文档。
步骤7：执行"文件/打印"命令，然后单击"首选项"。
步骤8：在"打印快捷方式"中选择"一般日常打印"，在右侧的打印参数中："纸张尺寸"选择A4，"纸张类型"选择HP亮白喷墨纸，如图2-5-9所示。
步骤9：单击"确定"进行打印。

小贴士

文档页边距必须符合（或超过）纵向版面的页边距设置，四边页边距都不得小于3.3毫米，如图2-5-8所示。

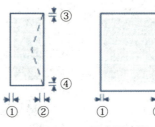

图2-5-7　拉出延伸板　　　　图2-5-8　最小页边距

图2-5-9　设置打印参数

项目二 打印机的使用与维护

[知识链接]

一、了解喷墨打印机部件(K5300)

1. 前视图(如图2-5-10所示)

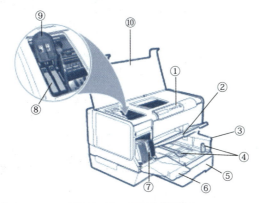

图 2-5-10　K5300 前视图

①控制面板;②出纸架;③纸盘1;④纸长/纸宽导架;⑤纸盘2(适用于某些型号);⑥墨盒门;⑦墨盒;⑧打印头;⑨打印头锁栓;⑩顶盖。

2. 后视图(如图2-5-11所示)

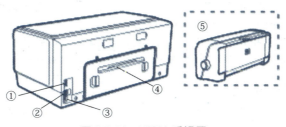

图 2-5-11　K5300 后视图

①电源输入;②以太网网络端口;③通用串行总线(USB)端口;④背部检修板;⑤双面打印器。

3. 控制面板(如图2-5-12所示)

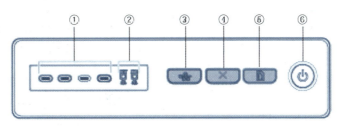

图 2-5-12　K5300 控制面板

①"墨盒"指示灯;②"打印头"指示灯;③配置页按钮;④取消按钮;⑤恢复按钮和指示灯;⑥电源按钮和指示灯。

二、控制面板指示灯参考

指示灯说明/指示灯模式	图例	说明及建议操作
所有指示灯熄灭		连接电源线,按电源按钮
"电源"指示灯亮起		设备就绪,无需进行任何操作
"电源"指示灯闪烁		设备正在开机或关机,或正在处理一项打印作业
"电源"指示灯和"恢复"指示灯闪烁		取出出纸盘中的所有介质,找到卡塞介质并予以清除
"电源"指示灯亮起,"恢复"指示灯闪烁		设备的纸张用完了。装入纸张,然后按恢复按钮
"电源"指示灯和"恢复"指示灯亮起		某一盖板未完全关闭,确保所有的盖板都已关闭
"电源"和"恢复"灯闪烁,"墨盒"灯亮起		一个或多个墨盒已过期,更换指示的墨盒
"电源"灯亮起,一个或多个"打印头"灯闪烁		安装指示的打印头,然后尝试打印
"电源"灯、一个或多个"打印头"指示灯闪烁		一个或多个打印头出现故障或需要检修
"电源"灯亮起,一个或多个"墨盒"指示灯闪烁		一个或多个墨盒的墨水用尽,必须更换才能继续打印
"电源"指示灯、一个或多个"墨盒"指示灯闪烁		一个或多个墨盒出现故障或需要检修
"电源"灯亮起,一个或多个"墨盒"指示灯亮起		一个或多个墨盒缺墨,需尽快更换
"电源"灯闪烁,一个或多个"墨盒"指示灯亮起		墨盒墨水已用完,必须更换,然后才能继续打印
所有指示灯亮起		发生不可恢复错误,联系厂商维修

项目二 打印机的使用与维护

[拓展训练]

[训练] 打印无边距照片

步骤1：装入适合无边距打印的相纸。

步骤2：打开要打印的文件。

步骤3：执行"文件/打印"命令，然后单击"属性"进入打印首选项。

步骤4：单击"功能"标签，如图2-5-13所示。

步骤5：从"尺寸"下拉列表中选择介质尺寸。

步骤6：选中"无边界"复选框，如图2-5-13所示。

步骤7：从"纸张来源"下拉列表中选择介质来源，如图2-5-13所示。

步骤8：从"纸张类型"下拉列表中选择介质类型，如图2-5-13所示。

步骤9：选择"纵向"或"横向"以更改打印输出的方向，如图2-5-13所示。

步骤10：从"打印质量"下拉列表中选择"最佳"。也可以选择"最大dpi"，这样可提供高达4800×1200优化dpi，以实现最佳打印质量，如图2-5-13所示。

小贴士

如果之前在带有裁剪边的照片介质上打印，请撕去裁剪边以使文档完全无边界。

小贴士

进行彩色打印并使用1200输入dpi时高达4800×1200优化dpi。此设置可能会临时占用大量硬盘空间（400 MB或更多），并会使打印速度大大降低。

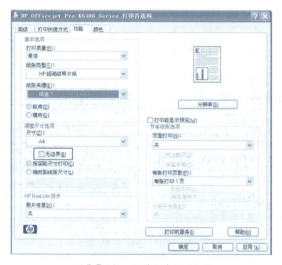

图2-5-13 无边距打印设置

步骤11：单击"打印"，等待打印完毕。

小贴士

刚打印完的照片不可以叠放，必须平放晾干后才可整理。

常用办公设备 使用与维护

任务6 排除打印故障

[任务目标]

① 能排除不同打印机的卡纸故障。
② 能调换打印机的色带和墨盒。

[任务情境]

办公室的几台打印机使用一段时间之后,发现打印时墨迹稀少,有时还经常卡纸,陈主任叫小方联系一下相关的公司,请他们上门来服务。打印机公司技师来后,小方热情接待,并陪同检修打印机,感觉有些故障是自己完全能够处理的。

[任务解析]

墨迹稀少和卡纸是打印机使用过程中经常会出现的故障。墨迹稀少往往表示要调换打印机的色带或墨盒,卡纸的原因有2种:一是打印机内部的原因,二是所使用的打印纸有问题。所以本次任务主要解决如何排除卡纸和调换打印机的色带或墨盒,相应的打印机使用说明书中都有详细介绍,只要按步骤操作就行了。

[实训1] 更换色带架(LQ－730K 针式打印机)

步骤1:打开打印机电源使打印头移至更换位置。
步骤2:关闭打印机并立即拔下电源插头。
步骤3:打开打印机盖并将其拉至下方,如图2-6-1所示。
步骤4:打开压纸杆。如果打开压纸杆有困难,则是打印头的位置不合适。此时应合上打印机盖,打开打印机电源,让打印头自动移至正确的位置。然后再次关闭打印机电源。
步骤5:拿住色带导轨并拉动,直到它脱离打印头,如图2-6-3所示。
步骤6:拿住色带架的两边,并将其从打印机中取出,如图2-6-4所示。

> **小贴士**
> 如果打印机刚刚使用过,打印头可能很烫,在更换色带架之前,请先让它冷却几分钟,如图2-6-2所示。

图2-6-1 打开打印机盖

图2-6-2 注意烫手

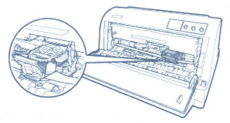

图 2-6-3　色带脱离打印头　　　　　　图 2-6-4　取出色带架

步骤 7：从包装中取出色带架。

步骤 8：拿着色带导轨的两边并拉动，直到它离开带色架，如图 2-6-5 所示。

步骤 9：转动色带张紧旋钮使色带绷紧，如图 2-6-7 所示。

步骤 10：按图 2-6-8 所示，拿着新色带架并将其插入到打印机中，然后按下色带架的两边以使塑料挂钩插入到打印机上的槽中。

> **小贴士**
>
> 不要撕下色带导轨上的清洁胶片，否则可能会引起夹纸或打印机故障，如图 2-6-6 所示。

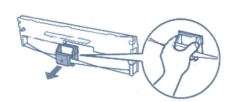

图 2-6-5　色带导轨脱离　　　　　　图 2-6-6　不要撕下清洁胶片

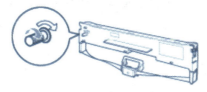
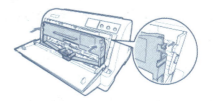

图 2-6-7　旋紧色带　　　　　　图 2-6-8　按上新色带架

步骤 11：滑动色带进入打印头并与打印头的凹槽对齐。推动色带的中心导轨直到其锁定到位，如图 2-6-9 所示。

步骤 12：转动色带张紧旋钮，使褶皱不平的色带绷紧，以保证色带能够自由移动，如图 2-6-10 所示。

步骤 13：关闭压纸杆并合上打印机盖，如图 2-6-11 所示。

> **小贴士**
>
> 当滑动色带导轨进入打印头时，要确保色带没有扭曲。

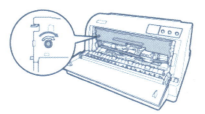

图 2-6-9　打印头到位　　　图 2-6-10　旋紧色带　　　图 2-6-11　合上打印机盖

[实训 2] 取出卡纸（HP1020 激光打印机）

步骤 1：打开打印碳粉盒端盖，取出打印碳粉盒，如图 2-6-12 所示。

步骤 2：用两手抓住露出最多的介质一边（包括介质中部），小心地将其从打印机中拉出，如图 2-6-13 所示。

步骤 3：取出了卡纸后，装回打印碳粉盒，然后关闭打印碳粉盒端盖，如图 2-6-14 所示。

小贴士

为了避免在清除卡纸（包括出纸槽中的卡纸）时损坏打印机，一定要打开打印碳粉盒端盖，取出打印碳粉盒。

图 2-6-12 取出碳粉盒

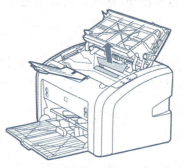
图 2-6-13 拉出卡纸

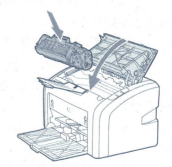
图 2-6-14 装回打印碳粉盒

[实训 3] 清洁打印机（HP1020 激光打印机）

在打印过程中，介质、碳粉和灰尘颗粒都可能在打印机内部积聚。随着时间的推移，这些积聚物会引起打印质量问题，如：碳粉斑点污迹、涂污和卡纸。要纠正和避免此类问题，可以清洁打印碳粉盒区域和打印机介质通道。

1. 清洁打印碳粉盒区域

步骤 1：关闭打印机，然后拔下电源线，等待打印机冷却，如图 2-6-15 所示。

步骤 2：打开打印碳粉盒端盖，取出打印碳粉盒，如图 2-6-16 所示。

小贴士

为了防止损坏打印碳粉盒，请将它置于阴暗处。必要时盖住打印碳粉盒。另外，请不要触碰打印机内的黑色海绵传送滚筒，这样做会损坏打印机。

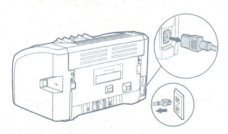
图 2-6-15 拔下电源线

图 2-6-16 取出打印碳粉盒

步骤3：用一块干燥的无绒布擦去介质通道区域和打印碳粉盒凹陷处中的残留物，如图2-6-17所示。

步骤4：重新安装打印碳粉盒，并关闭打印碳粉盒端盖，如图2-6-18所示。

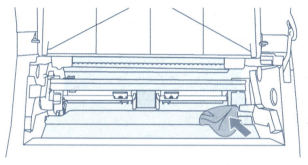
图2-6-17　擦去残留物

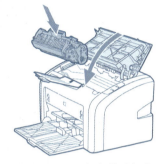
图2-6-18　重新安装碳粉盒

步骤5：将打印机电源插头插入电源插座，然后打开打印机。

2. 清洁打印机介质通道

如果打印输出上有碳粉斑点或污点，可以使用HP LaserJet清洁实用程序去除多余的介质和可能积聚在加热组件和滚筒上的碳粉颗粒。清洁介质通道可以延长打印机的使用寿命。

步骤1：准备好A4大小的投影胶片或表面光滑的复印机纸（70到90 g/m²）。

步骤2：确保打印机处于空闲状态且"就绪"指示灯亮。

步骤3：将投影胶片或复印机纸装入进纸盘。

步骤4：执行"开始/设备和打印机"命令，在"设备和打印机"窗口中，找到HP 1020打印机的图标。

步骤5：在"设备和打印机"窗口中，右键点击"HP LaserJet 1020"图标，选择"打印属性"菜单项。

步骤6：在"HP LaserJet 1020属性"窗口中，选择"配置"选项卡，点击"开始"按钮，如图2-6-19所示。

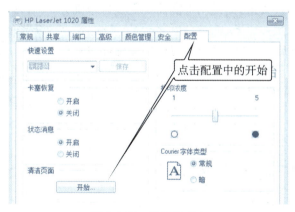
图2-6-19　配置选项卡

步骤7：在"hp LaserJet清洁实用程序"窗口中，点击"确定"按钮，如图2-6-20所示。

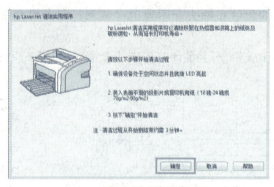

图 2-6-20　清洁实用程序

步骤 8：打印机开始打印清洁页。

[知识链接]

一、如何避免卡纸

① 确保纸张通道中无阻塞物。
② 不要在纸盘中装入过多介质。
③ 在设备未执行打印作业的情况下正确装入纸张。
④ 不要使用卷曲或褶皱的介质。
⑤ 应始终使用符合规格的介质。
⑥ 确保出纸盘不要过满。
⑦ 确保介质与纸盘的右侧对齐。
⑧ 确保纸盘的长度和宽度导板调整到紧贴介质，但又不会使介质起皱或弯曲。
⑨ 添加新介质时，每次都要从进纸盘中取出所有介质，然后将新介质叠弄直。这样有助于防止多页共进，从而减少卡纸。

二、解决打印机经常多页共进（HP 1020 激光打印机）

如果打印机经常多页共进，则说明可能需要更换打印机分离垫。

① 关闭打印机，然后拔下打印机的电源线，等待打印机冷却，如图 2-6-21 所示。

② 在打印机背面卸下固定分离垫的两个螺丝钉，如图 2-6-22所示。

小贴士

在更换分离垫之前，应先清洁取纸滚筒。

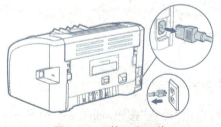

图 2-6-21　拔下电源线

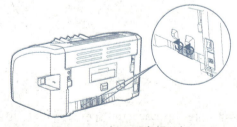

图 2-6-22　卸下固定螺丝钉

③ 取出分离垫,如图 2-6-23 所示。
④ 插入新的分离垫,然后使用螺丝钉固定,如图 2-6-24 所示。

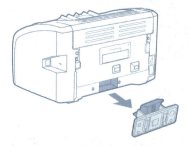
图 2-6-23　取出分离垫

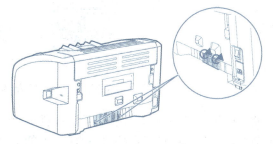
图 2-6-24　装上新分离垫

⑤ 将打印机电源插头插入电源插座,然后打开打印机。

三、手动清洁打印头触点(HP K5300 喷墨打印机)

在安装了打印头之后,可能会有一个或多个打印头指示灯闪烁。如果打印头指示灯闪烁,则可能需要清洁打印头上和设备中的电触点。

① 打开盖板。
② 如果笔架没有自动移到左边,请按住恢复按钮,直至笔架移到左边。等待笔架停止移动,拔下打印机的电源线。
③ 提起打印头锁栓,如图 2-6-25 所示。
④ 抬起要更换的打印头的手柄,将打印头从插槽中拉出,如图 2-6-26 所示。

图 2-6-25　提起打印头锁栓

图 2-6-26　拉出打印头

⑤ 准备清洁、干燥、柔软、不掉毛的清洁材料。适宜的材料包括咖啡过滤纸和眼镜镜片清洁纸。不要用水进行清洁。
⑥ 擦拭打印头的电触点,但是不要触摸喷嘴。电触点是铜色的小方块,位于打印头的一面,如图 2-6-27 所示。喷嘴位于打印头的另一面。在喷嘴上可以看到墨水。触摸喷嘴可能导致喷嘴永久损坏。另外,墨水可能会永久性地渗入衣物。
⑦ 清洁后,将打印头放在一张纸或纸巾上。确保喷嘴朝上,未接触到纸张。
⑧ 用清洁、干燥、不起毛的软布清洁设备中打印头插槽内的电触点,如图 2-6-28 所示。

图 2-6-27　打印头的电触点

图 2-6-28 清洁插槽内的电触点

⑨ 插上电源线,然后打开设备。控制面板应指示打印头缺失。

⑩ 将打印头插入颜色代码插槽(打印头上的标签必须与打印头锁栓上的标签一致),用力按压打印头以确保接触良好。

⑪ 将打印头锁栓向前拉到头,然后按下以确保锁栓正确扣上。可能需要用些力才能扣上锁栓。

⑫ 必要时,对其余打印头重复上述步骤。

⑬ 关上盖板。

⑭ 如果打印头指示灯仍然闪烁,应为与该闪烁的打印头指示灯对应的打印头重复上述清洁过程。

⑮ 如果打印头指示灯继续闪烁,应更换与闪烁的打印头指示灯对应的打印头。

⑯ 设备初始化打印头并打印校准页时,要耐心等待。如果设备未打印校准页,应手动启动校准过程。

[拓展训练]

训练1 清除卡纸(HP K5300 喷墨打印机)

步骤1:取出出纸盘中的所有介质。

步骤2:检查背部检修板或双面打印器。

① 按背部检修板或双面打印器任意一侧的按钮,取下检修板或双面打印器,如图2-6-29所示。

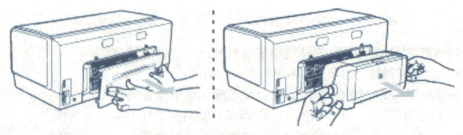

图 2-6-29 取下检修板或双面打印器

② 找到设备中卡塞的介质,用双手抓住介质向外拉出。

③ 如果找不到卡纸,请按双面打印器顶部的锁栓,降低其盖板。如果其中有卡纸,请小心取出,再关上盖板,如图2-6-30所示。

④ 将背部检修板或双面打印器重新插入设备。

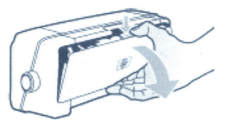 

图 2-6-30　取出双面打印器卡纸　　　　图 2-6-31　向外拉出纸张

步骤 3：如果找不到卡纸，请抬起出纸盘并在纸盘中检查卡纸。如果介质卡在纸盘中，请执行以下操作：

① 抬高出纸盘。
② 将纸张向外拉，如图 2-6-31 所示。
③ 降低出纸盘。

步骤 4：打开打印笔架检修门。如果有纸张留在设备中，确保笔架已移到设备右侧，释放所有碎纸片或褶皱的介质，从设备顶部将介质向外拉出。

步骤 5：清除卡纸后，盖上所有盖板，打开设备（如果已将其关闭），然后重新发送打印作业。

> **小贴士**
>
> 设备开启且笔架卡住时，不要将手伸入设备中。打开打印笔架检修门时，笔架应返回到其在设备右侧的位置。如果笔架没有移到右侧，应关闭设备，然后取出所有卡纸。

训练 2　更换墨盒（HP K5300 喷墨打印机）

当打印出来的文档有墨迹断线或减淡现象，可以执行"打印首选项/功能/打印机服务"命令查看。点击"估计墨水量"观察墨水量，决定是否需要更换墨盒，如图 2-6-32 所示。

> **小贴士**
>
> 显示的墨水量只是一个估计，实际墨水量可能会有所不同。

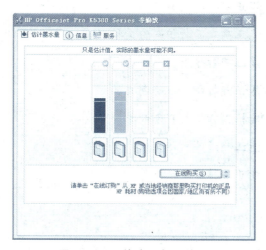

图 2-6-32　"估计墨水量"窗口

步骤 1：轻轻拉开墨盒盖，如图 2-6-33 所示。
步骤 2：用拇指和食指握住需更换的墨盒，用力向自己方向拉，如图 2-6-34 所示。

图 2-6-33　拉开墨盒盖　　　　图 2-6-34　拉出需更换的墨盒

步骤 3：去除新墨盒的包装材料。

步骤 4：将墨盒与其颜色代码插槽对齐，然后将墨盒插入插槽。用力按压墨盒以确保接触良好。

步骤 5：合上墨盒盖。

> **小贴士**
>
> 去除墨盒的包装材料后，应立即安装。墨盒离开设备的时间不要太长。

[项目评价]

序号	评价项目	评价关键点	学生自评	教师评价	配分
1	打印机安装	打印机与计算机连接是否正确			5
		安装碳粉盒或墨盒是否正确			5
		驱动程序是否安装正确			5
2	耗材更新	能正确更换色带			5
		能正确替换墨盒			5
		能正确替换碳粉盒			5
3	打印任务	能正确打印快递单			10
		能正确双面打印一份文稿			10
		能正确打印信封			15
		能正确打印一张彩色文稿			15
4	故障排除	能根据指示灯判断故障			5
		能正确清洁打印机			5
		能正确排除卡纸故障			10

项目三　数码复印机的使用与维护

项目三　数码复印机的使用与维护

[项目概述]

当前数码复印机已经替代静电复印机,成为复印设备的主导产品。在办公活动中,常常需要对大量的文件、图片资料进行复制、分发、存档,这些都离不开复印机。它能够快速、准确、清晰地再现文件资料以及图像原形。数码复印机以其输出的高生产力、卓越的图像质量、功能的多样化(复印、传真、网络打印等)、高可靠性及可升级的设计系统,而成为办公自动化的好帮手。

[项目目标]

1. 技能目标

① 能根据不同任务使用复印机。
② 能更换数码复印机耗材。
③ 能排除复印过程中的简单故障。
④ 能对复印机进行常规维护与保养。

2. 知识目标

能说出数码复印机常用部件的名称,了解部件的功能。

任务1　完成各种复印工作

[任务目标]

① 能完成身份证正反面复印(复印在一张 A4 纸同一面上)。
② 能完成 A4 纸双面复印。
③ 能完成书本复印。
④ 熟悉数码复印机触控屏的各项操作。

[任务情境]

公司文印室买了一台数码复印机(柯尼卡美能达 bizhub C250),小方原以为复印是一件很简单的工作,只要把一张原稿放进去,按一下按钮就行了。可连续几天的复印工作让小方应接不暇:有的要身份证复印,有的要双面复印,有的要复印书本等等。小方赶紧向使用说明书请教。

[任务解析]

如果只复印单面原稿,确实是件简单的事。但数码复印机已经高度智能化,可以满足各种我们所需要的操作。本次任务中的身份证复印、双面复印和书本复印,只是数码复印机众多复印功能中有代表的几个功能。通过这3个分任务的训练,可以对数码复印机的复印操作有个基本了解。完成本任务的关键是熟悉数码复印机触控屏的各项操作。

[实训1] 身份证正反面同时复印在一张 A4 纸同一面上(柯尼卡美能达 bizhub C250)

生活中我们经常需要提供身份证复印件,一般正常情况下还要求必须是正反面同时复印在一张 A4 纸同一面上。

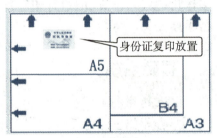

图 3-1-1　身份证放置

步骤1:打开主电源与控制面板电源。

步骤2:将身份证一面放在原稿台玻璃 A5 范围的中间,如图 3-1-1 所示。

步骤3:点击触控屏的"混合/原稿",如图 3-1-2 所示。

步骤4:选择"2 in 1",如图 3-1-3 所示。

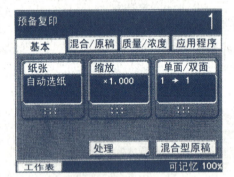

图 3-1-2　点击"混合/原稿"

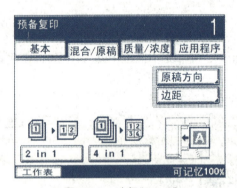

图 3-1-3　选择"2 in 1"

步骤5:回到"基本"界面,查看"缩放"是否在×1.000,如果不是,点击"缩放",选择×1.000。

步骤6:点击"纸张",选择 A4。

步骤7:按控制面板上的"开始"键,进行第一面扫描,完成后出现图 3-1-4 界面。

步骤8:抬起原稿盖板,将身份证在原来位置翻个面,盖上原稿盖板。

步骤9:第二次按控制面板上的"开始"键,进行第二面扫描,完成后"原稿数量"会变成2。

步骤10:"完成",再按控制面板上的"开始"键,完成身份证正反面复印。

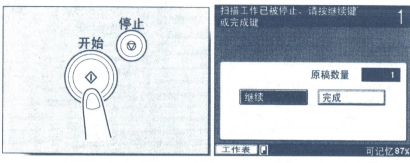

图 3-1-4　进行第一面扫描

[实训 2] 完成 A4 纸双面复印（bizhub C250）

步骤 1：抬起原稿盖板。
步骤 2：将文稿的第一页或第一面正面朝下放在原稿台玻璃上。
步骤 3：关闭原稿盖板。
步骤 4：在"基本"屏幕中，点击"单面/双面"，出现"单面/双面"屏幕。
步骤 5：点击"原稿"下方的"1"和"副本"下方的"双面"，如图 3-1-5 所示。

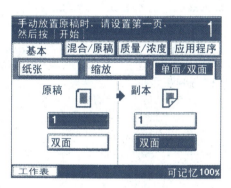

图 3-1-5　双面设置

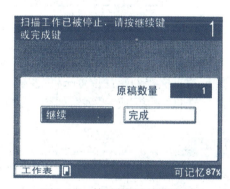

图 3-1-6　按继续键扫描第二页

步骤 6：按"开始"键，扫描开始。出现"扫描工作已被停止，请按继续键或完成键"，如图 3-1-6 所示。

步骤 7：把文档的第二页或第二面放在原稿白玻璃上，然后按下"开始"键。如需扫描文档中其余的各页，重复第 5 至 7 步。

步骤 8：扫描完所有的文档页之后，点击"完成"。
步骤 9：按"开始"键。

[实训 3] 完成书本复印（bizhub C250）

复印打开的页面（例如打开的书本或目录）时，可以将左右页复印在单独页上，或复印在同一页上。

步骤 1：将文档放在原稿台玻璃上，如图 3-1-7 所示。
步骤 2：将要使用的纸张装入所需纸盘。

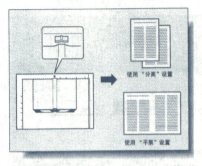
图 3-1-7　书本复印放置

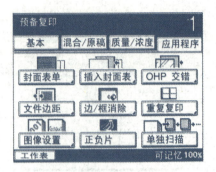
图 3-1-8　选择"重复复印"

步骤 3：点击"应用程序"，然后点击"重复复印"，出现书本重复复印屏幕，如图 3-1-8 所示。
步骤 4：点击"书本复印"，出现书本复印屏幕，如图 3-1-9 所示。

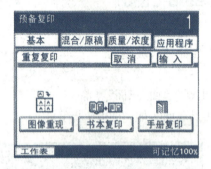
图 3-1-9　点击"书本复印"

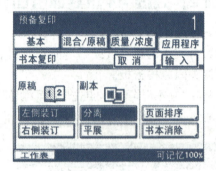
图 3-1-10　书本复印设置

步骤 5：根据文档的装订位置选择"左侧装订"或"右侧装订"。
步骤 6：选择"分离"或"平展"，如图 3-1-10 所示。

小贴士

选择"书本消除"设置，可以消除文档周围或沿文档中心线的深色阴影。
点击"书本消除"，显示书本消除屏幕。点击边框按钮，选择 ▼ 和 ▲ 指定要消除区域的宽度，然后点击"输入"，如图 3-1-11 所示。

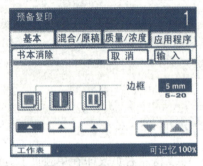
图 3-1-11　消除书本阴影

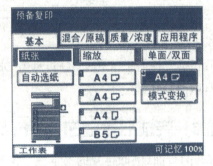
图 3-1-12　选择纸盘

步骤 7：点击"输入"，然后点击下一屏幕中出现的"输入"。
步骤 8：在基本屏幕中点击"纸张"，然后选择装入纸张的纸盘，如图 3-1-12 所示。

步骤9:指定任何其他所需的复印设置。
步骤10:使用数字键盘输入所需的副本数。
步骤11:按"开始"键,复印开始。

[知识链接]

一、正确在原稿台上放置原稿文档(bizhub C250)

① 抬起原稿盖板。

② 将文档正面朝下放在原稿台上。装入文档页时使文档的顶部朝向机器的后侧或左侧,如图3-1-13所示。

③ 用文档刻度左后角的 标记对齐文档,如图3-1-13所示。

④ 关闭原稿盖板。

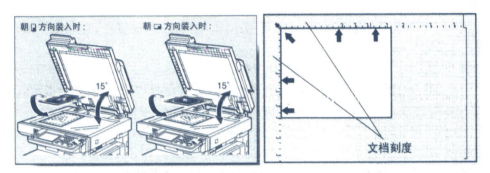

图3-1-13 复印文档的放置

二、认识复印机的控制面板(bizhub C250)

控制面板各按键名称和功能:(图3-1-14)

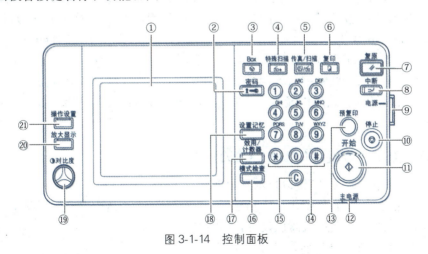

图3-1-14 控制面板

① 触摸面板:显示各种信息。用户直接触摸面板以指定各种设置。

② "密码"键:如果应用了用户验证或账号跟踪设置,使用本机前要输入用户名与密码(用

于用户验证)。

③ "Box"键:按此键进入 Box 模式。

④ "特殊扫描"键:按此键进入特殊扫描模式。当本机处于特殊扫描模式时,"特殊扫描"键上的指示灯会发绿光。

⑤ "传真/扫描"键:按此键进入传真/扫描模式。当本机处于传真/扫描模式时,"传真/扫描"键上的指示灯会发绿光。

⑥ "复印"键:按此键进入复印模式(作为默认值,通常复印机处于复印模式)。当复印机处于复印模式时,"复印"键上的指示灯会发绿光。

⑦ "复原"键:按此键以清除所有在控制面板与触摸面板上输入的设置(程序设置除外)。

⑧ "中断"键:按此键可以进入中断模式。当本机处于中断模式时,"中断"键上的指示灯会发绿光,且触摸面板上山现"现在处于中断模式"的信息。如需取消中断模式,则再按一次"中断"键。

⑨ "电源"(辅助电源)键:按此键可打开/关闭本机操作(例如复印、打印或扫描)。关闭后,机器进入节能状态。

⑩ "停止"键:复印时按此键可停止复印操作。

⑪ "开始"键:按此键以开始复印。当本机准备开始复印时,"开始"键上的指示灯会发绿光。如果指示灯发橙光,则不能开始复印,应按此键以重新开始被停止的工作。

⑫ "主电源"指示灯:当用主电源开关打开本机时亮起绿光。

⑬ "预复印"键:按此键在打印大量副本之前打印一张预复印,以进行检查。

⑭ 数字键盘:用于输入需要制作的副本数、缩放比和其他各种设置。

⑮ "C"(消除)键:按此键以消除用数字键盘输入的数值(例如副本数、缩放比或尺寸)。

⑯ "模式检查"键:按此键以显示说明指定设置的屏幕。

⑰ "效用/计数器"键:按此键用于显示效用/计数器屏幕。

⑱ "设置记忆"键:按此键将所需的复印设置登记为程序,或调用已登记的复印程序。

⑲ "对比度"旋钮:用于调整触摸面板的对比度。

⑳ "放大显示"键:按此键进入放大显示模式。

㉑ "操作设置"键:按此键以显示用于指定用户操作设置功能的屏幕。

小贴士

切勿在触摸面板上施加过大的压力,切勿用力下压触摸面板,切勿用坚硬或尖锐物体在触摸面板上进行选择,否则可能对面板造成擦伤或损坏。

三、基本复印操作流程(bizhub C250)

① 在复印模式中按"复印"键以显示基本屏幕。

② 放置要复印的文档,如图 3-1-15 所示。

③ 指定所需的复印设置。(默认设置:纸张:自动选纸,缩放:×1.000,单面/双面:1→1,质量/浓度:文字)

④ 使用数字键盘输入所需的副本数,如图 3-1-16 所示。

⑤ 按下"开始"键。

小贴士

文档的放置方向要与所用复印纸的方向一致。

图 3-1-15　放置文档　　　　　　图 3-1-16　输入复印数量

[拓展训练]

[训练1] 调整复印浓度（bizhub C250）

复印机默认设置是 5 级的中间一级。选择"自动"设置时，浓度设置为"标准"。

步骤 1：在基本屏幕中，点击"质量/浓度"，出现"质量/浓度"屏幕，如图 3-1-17 所示。

步骤 2：选择所需的浓度设置。每次点击"较浅"或"较深"时，浓度水平会调淡或调深一级。点击"自动"，则根据装入的文档自动调整浓度，如图 3-1-18 所示。

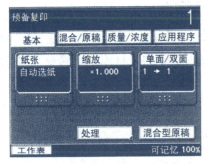 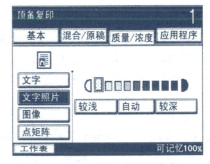

图 3-1-17　点击"质量/浓度"　　　　图 3-1-18　调淡或调深浓度

[训练2] 进行放大/缩小复印（bizhub C250）

步骤 1：在基本屏幕中，点击"缩放"，出现缩放屏幕。点击"自动缩放"，根据装入的文档尺寸以及指定的纸张尺寸自动选择最合适的缩放比，如图 3-1-19 所示。

步骤 2：在基本屏幕中，点击"缩放"，出现缩放屏幕。点击 ▽ 增大缩放比，点击 △ 减少缩放比，如图 3-1-20 所示。微调时，可以按×0.001 的间隔增大或减少缩放比，以便按所需

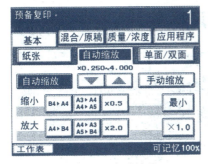 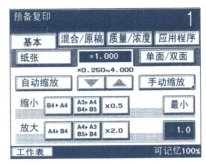

图 3-1-19　自动缩放　　　　　　图 3-1-20　微调缩放

尺寸复印。

任务 2　更换数码复印机耗材

[任务目标]

① 能按说明书更换碳粉瓶。
② 能正确添加复印纸。

[任务情境]

文印室的数码复印机柯尼卡美能达 bizhub C250 使用一段时间之后,时常出现这样那样的报警。小方打电话给柯美公司,柯美技术员告诉小方,有些报警是复印机需要添加耗材,如:墨粉缺少需更换碳粉瓶、纸盒里复印纸没有了。

[任务解析]

数码复印机已经智能化,当遇到耗材缺乏时通常会在显示触摸屏上指示相应的部位,我们可以根据指示在复印机的相应位置查看即可。数码复印的耗材添加有需要更换碳粉瓶、添加复印纸。而这些部位都有清晰的操作指示图例。我们只要按图指示,一步步认真做,就可顺利完成任务。

[实训 1]　更换碳粉瓶(bizhub C250)

当碳粉快用完时,首先出现"请加碳粉"信息,然后出现"准备接受新工作"信息,此时机器停止工作。在出现"请加碳粉"信息后,出现"准备接受新工作"信息前,可以打印的页数取决于打印条件、耗材和要更换的零件情况。出现第一条信息后,准备更换碳粉瓶。碳粉用完时,会出现如图 3-2-1 所示的警告信息,此时无法再执行复印。

小贴士

请务必在出现"请加碳粉"信息后,才更换碳粉瓶。要更换指定型号的碳粉瓶,否则机器会损坏。

 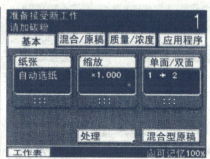

图 3-2-1　更换碳粉瓶提示

步骤1：打开机器前门。
步骤2：尽可能向自身方向拉出碳粉料斗，如图3-2-2所示。
步骤3：在抓住手柄拉的同时，向上翻转碳粉瓶托架，如图3-2-3所示。

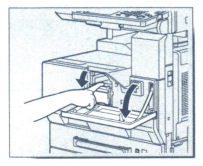
图3-2-2　拉出碳粉料斗

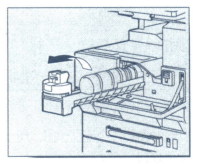
图3-2-3　上翻转碳粉瓶托架

步骤4：小心拉出旧碳粉瓶，如图3-2-4所示。
步骤5：将新碳粉瓶的一端放在书桌或工作台等坚硬表面上敲四五次，然后敲另一端四五次。碳粉瓶里的碳粉可能已压实，如图3-2-5所示。

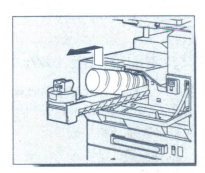
图3-2-4　拉出旧碳粉瓶

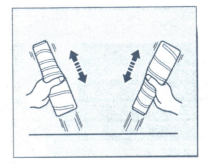
图3-2-5　散开碳粉

步骤6：上下晃动新碳粉瓶五次，如图3-2-6所示。
步骤7：将新碳粉瓶插入碳粉料斗，使瓶子标签朝上，如图3-2-7所示。

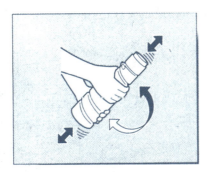
图3-2-6　晃动新碳粉瓶

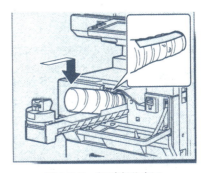
图3-2-7　新碳粉瓶插入

步骤8：向下翻转碳粉瓶架，使之锁定到位。抓住碳粉瓶上的密封件，朝自身方向将其缓慢拉下，如图3-2-8所示。

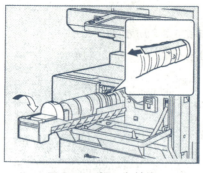
图 3-2-8　拉下密封件

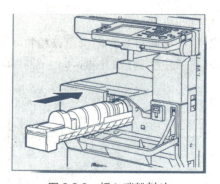
图 3-2-9　插入碳粉料斗

步骤 9：插入碳粉料斗，直至卡到位为止，如图 3-2-9 所示。
步骤 10：关闭前门。

> **小贴士**
>
> 关上前门后，会自动开始补充碳粉。正在补充碳粉时，切勿切断机器电源或打开机器的任何门。

[实训 2] 添加复印纸（bizhub C250）

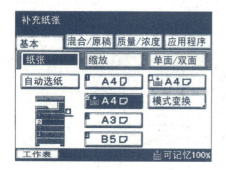
图 3-2-10　"补充纸张"提示

如果在复印时或打印后纸盘中的纸张用完，则出现"补充纸张"信息，如图 3-2-10 所示。此时需向第一或第二纸盘中装入纸张。通常第一纸盘装 A4 纸，第二纸盘装 A3 纸，每个纸盘最多可以装入 500 张纸。

步骤 1：拉出纸盘。
步骤 2：将横向导板滑动到适合要装入的纸张尺寸的位置，如图 3-2-11 所示。
步骤 3：将纸张装入纸盘，使要打印的一面（纸张开封时朝上的一面）朝上。装入纸张时，纸堆的顶部不得超过▼标记，如图 3-2-12 所示。

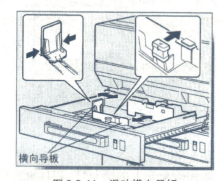
图 3-2-11　滑动横向导板

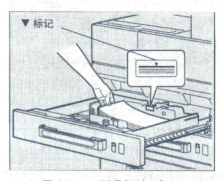
图 3-2-12　不得超过▼标记

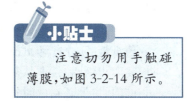

步骤4:将横向导板重新调节到适合所装入纸张尺寸的位置。如果横向导板相对于所装入纸张的位置不对,则不能正确检测纸张尺寸。所以务必将横向导板调整至所装入纸张的尺寸,如图3-2-13所示。

步骤4:关闭纸盘。

> **小贴士**
>
> 注意切勿用手触碰薄膜,如图3-2-14所示。

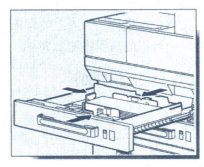

图3-2-13 调整横向导板

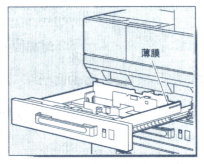

图3-2-14 切勿用手触碰薄膜

[知识链接]

一、数码复印机外部部件名称和功能(bizhub C250)

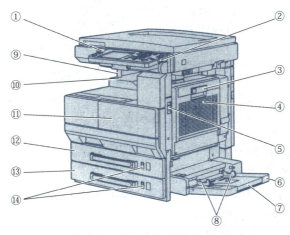

图3-2-15 机器外部

① 控制面板:用来指定各项设置,执行开始复印等操作。

② 电源(辅助电源)键:按此键打开/关闭本机操作(例如复印、打印或扫描)。关闭后,本机进入节能状态。

③ 自动双面单元门开门把手:用来打开自动双面单元门。

④ 自动双面单元门:在清除自动双面单元中的卡纸故障时打开。

⑤ 主机右侧门开门把手:用于打开主机右侧门。

⑥ 多张手送托盘:用于因尺寸不能装入纸盘的纸,或厚纸、幻灯片、明信片、信封或标签纸。最多可以装入150张普通纸,或50张幻灯片、明信片、标签纸、厚纸,10个信封。

⑦ 纸盘扩展器：要装入大尺寸纸张时拉出。
⑧ 可调式文档导板：调整为纸宽。
⑨ 挡纸板：防止打印页滑出纸盘。在安装了选购的工作分离器时使用。
⑩ 复印出纸盘：接取从复印机中输出的面朝下的打印页。
⑪ 前门：更换碳粉瓶时打开。
⑫ 第一纸盘：最多可装入500张纸，可以随意调整纸张尺寸。一般定义为A4纸盘。
⑬ 第二纸盘：最多可装入500张纸，可以随意调整纸张尺寸。一般定义为A3纸盘。
⑭ 缺纸指示灯：随着纸盘中纸张数量的减少，红色区域的面积将随之增加。

二、数码复印机内部/背面部件名称和功能（bizhub C250）

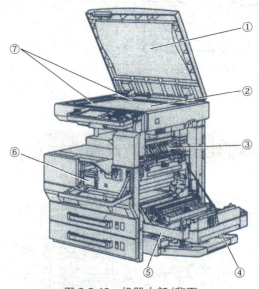

图3-2-16 机器内部/背面

① 文档垫：压住放在原稿台上的文档。
② 原稿台：扫描搞装入文档的图像。
③ 转换装置：内置于打印机中，用于在双面打印时翻转纸张。
④ 自动双面单元：翻转纸张以供双面打印。
⑤ 右侧门：清除右侧门单元或定影单元卡纸故障时打开。
⑥ 碳粉料斗：安装和更换碳粉瓶时使用。
⑦ 文档刻度：用于对齐文档。

[拓展训练]

[训练] 查看计数器（总复印张数）

点击"效用/计数器"按钮可以显示总计数器屏幕，以便查看从计数开始起的总打印数。
步骤1：按"效用/计数器"键，如图3-2-17所示。
步骤2：点击"详细资料"，出现计数器屏幕，如图3-2-18所示。

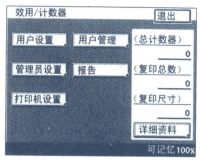
图 3-2-17　效用/计数器

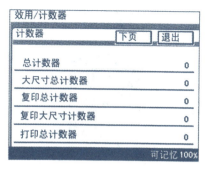
图 3-2-18　计数器屏幕

步骤 3：点击"退出"，然后按下一屏幕中的"输入"，再次出现基本屏幕。

任务 3　对数码复印机进行常规维护

[任务目标]

① 能排除复印过程中的卡纸故障。
② 能完成数码复印机的日常清洁工作。

[任务情境]

文印室的数码复印机柯尼卡美能达 bizhub C250 使用一段时间之后，有时会出现卡纸，并出现这样那样的报警。小方打电话给柯美公司，柯美技术员告诉小方：在日常复印工作中必须精心地维护和保养复印机，才能保证复印机的正常运行和延长机器的使用寿命。如果复印机不进行维护和保养，不但复印质量会下降，而且还会出现一些故障，影响正常工作。

[任务解析]

如今的数码复印机已经智能化，当遇到故障时通常会在显示触摸屏上指示相应的故障部位，我们可以根据指示在复印机的相应位置排除故障。数码复印的通常故障就是复印过程中的卡纸。而这些容易卡纸部位都有清晰的操作指示图例。我们只要按图指示，一步步认真做，就可顺利完成任务。

[实训 1]　排除自动双面单元中的卡纸故障（bizhub C250）

如果在复印或打印时发生卡纸，显示屏会出现"检测出送纸故障"信息，并在屏幕中指示卡纸位置。此时，在充分排除卡纸之前不能继续进行复印与打印。

步骤 1：判断卡纸位置。屏幕中闪烁的"○"指示卡纸位置。此外，亮起的"○"指示可能发生卡纸、应进行检查的区域，如图 3-3-1 所示。

步骤 2：打开自动双面单元门。

图 3-3-1　指示卡纸位置　　　　图 3-3-2　拉出卡纸

步骤 3：小心拉出所有卡住的纸张，如图 3-3-2 所示。
步骤 4：关闭自动双面单元门。

[实训 2] 进行日常清洁保养（bizhub C250）

步骤 1：清洁复印机外壳。用蘸有中性家用洗涤剂的软布擦拭清洁机壳表面，如图 3-3-3 所示。
步骤 2：清洁原稿台。用软干布擦拭原稿台表面，如图 3-3-4 所示。

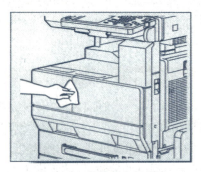
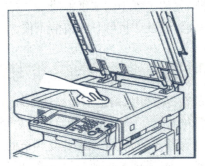

图 3-3-3　清洁复印机外壳　　　图 3-3-4　清洁原稿台玻璃

步骤 3：清洁控制面板。用软干布擦拭控制面板，如图 3-3-5 所示。
步骤 4：清洁文档垫。用蘸有中性家用洗涤剂的软布擦拭清洁文档垫，如图 3-3-6 所示。

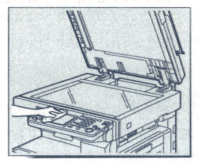
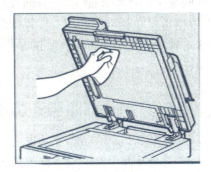

图 3-3-5　清洁控制面板　　　　图 3-3-6　清洁文档垫

> **小贴士**
>
> 清洁前务必要关闭复印机电源。切勿使用溶剂(例如苯或稀释剂)来清洁复印机。也不要使用质地比较硬的湿布来清洁复印机内部的灰尘、碎纸屑、污迹,更不要使用类似面巾纸之类的纸制品清洁复印机内部,以免将纸屑残留在复印机里。

[知识链接]

一、文档放在原稿台上时的注意事项

① 将文档放在原稿台上时,务必将原稿盖板或 ADF 抬起至少 150 度,否则不能正确检测文档尺寸。

② 切勿将重量超过 2 kg 的物品放置在原稿台上。此外,如果将书本打开放在原稿台上时,切勿用力向下压,否则可能会损坏原稿台。对于厚度较大的物体,操作时不必关闭原稿盖板或 ADF。在原稿盖板或 ADF 打开的情况下扫描文档时,切勿直视透过原稿台发出的光线。

③ 切勿将装有订书钉或回形针等尖锐物品的文档放在原稿台上,防止划伤玻璃。应在复印时除去文档上的订书钉或回形针。

④ 注意不要让一些诸如订书钉或回形针的小金属掉进复印机内,如有金属掉进复印机,接触到工作电路板,就会导致复印机内部电子元器件工作短路,而损坏复印机。

二、数码复印机的定期保养

复印机在复印一定张数和复印工作进行一段时间之后,要进行三级定期保养,以清洗、更换相应部件和耗材。

一级定期保养由操作人员进行,一般复印 3000 张后,就要进行一级保养,要对废粉盒、显影器底部、导纸板和原稿台进行清洁。

二级定期保养由维修人员与操作人员一起进行,通常复印 1~2 万张后,就要进行二级定期保养,并对显影辊和定影器进行清洁。

三级定期保养,由专业维修人员进行,一般复印 5 万张后,除清除主要部件外,还要检查易损零部件的工作状况,如有损坏则要及时更换;复印 10 万张后,还应检查驱动部件工作状况,以决定是否需要清洁、加油或更换。

[拓展训练]

[训练] 排除的深度卡纸故障(bizhub C250)

有时复印过程中纸卡在定影单元中,又称深度卡纸。具体卡纸位置可参考触控屏的"卡纸指示灯"提示。

步骤 1:拉起右侧门释放杆,然后打开右侧门,如图 3-3-7 所示。

步骤 2:小心拉出所有卡住的纸张,注意不要触摸图像转印辊的表面,如图 3-3-8 所示。

步骤 3:打开定影单元导板,小心取出所有卡住的纸张,如图 3-3-9 所示。

步骤 4:打开转换导板,然后小心拉出转换装置所有卡住的纸张,如图 3-3-10 所示。

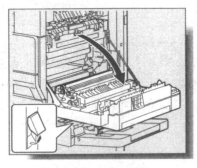
图 3-3-7　打开右侧门

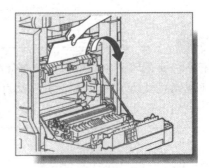
图 3-3-8　拉出转印棍处卡纸

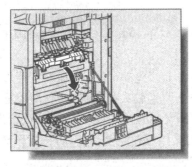
图 3-3-9　取出定影单元卡纸

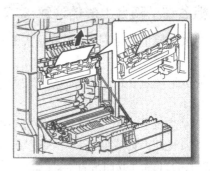
图 3-3-10　拉出转换装置卡纸

步骤 5：小心拉出定影部分所有卡住的纸张，如图 3-3-11 所示。

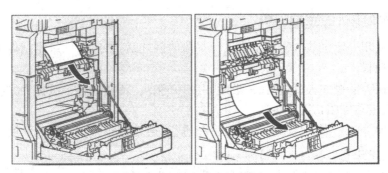
图 3-3-11　拉出定影部分卡纸

步骤 7：小心拉出图像转印棍周围所有卡住的纸张，如图 3-3-12 所示。

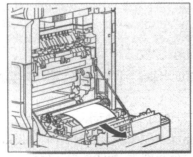

图 3-3-12　拉出图像转印棍周围卡纸

步骤8:小心取出所有卡住的纸张。
步骤9:关上右侧门。

小贴士

　　定影单元周围的部位会非常烫,触碰没有标示的任何部分都可能引起灼伤。如果不慎灼伤,请立即用冷水给皮肤降温,然后到专业医师处就诊。

[项目评价]

序号	评价项目	评价关键点	学生自评	教师评价	配分
1	识别操作面板上的按键和显示	说出部件名称			5
		说出按键的功能			5
		说出触控屏显示的操作			10
2	耗材添加	能按正确流程添加复印纸			5
		能按正确流程更换碳粉瓶			10
3	身份证正反面复印	能按正确流程完成操作			10
		能正确放置身份证			5
4	双面复印	能按正确流程完成操作			10
		复印稿双面不颠倒			5
5	书本的分页复印	触控屏设置正确			10
		书本在原稿台放置位置正确			5
6	排除卡纸故障	能正确指出卡纸位置			10
		能正确排除卡纸故障			10

项目四　一体化速印机的使用与维护

[项目概述]

一体化速印机又称速印一体机、速印机、高速数码印刷机,是集制版、印刷为一体的油印设备。它通过数字扫描、热敏制版成像的方式进行工作,从而实现高清晰的印刷,印刷速度在每分钟 100 张以上。一体化速印机一般都具有对原稿缩放印刷、拼接印刷、自动分纸控制等多种功能,绝大多数的机型还可以支持电脑打印直接输出的功能。因此,有了一体化速印机等于拥有小型印刷厂。

当前,一体化速印机广泛应用于机关事业单位、学校以及印刷行业。

[项目目标]

1. 技能目标

① 能根据不同印刷任务使用一体化速印机。
② 能更换一体化速印机耗材。
③ 能排除印刷过程中的简单故障。
④ 能对一体化速印机进行常规维护与保养。

2. 知识目标

能说出一体化电脑速印机常用部件的名称,了解部件的功能。

任务1　完成常规印刷工作

[任务目标]

① 掌握一体化速印机的基本操作。
② 熟悉一体化速印机主控制面板的操作。

[任务情境]

公司文印室有一台理想数字一体化速印机 RISO RV3490,小方接到任务,要印刷上级部门的 500 份通知。原来以为一体化速印机操作和数码复印机一样,只要把一张原稿放进去,按几下按钮就行了。可第一个任务就卡壳了。小方赶紧向理想公司请求技术指导。

[任务解析]

一体化速印机操作有两个基本操作流程:制版流程与印刷流程。

印刷纸张文件或书本的流程:扫描台扫描放置的原稿→生成版纸并卷到印刷滚筒上→进行试印→检查印刷结果后,输入要印刷的份数并开始印刷,如图 4-1-1 所示。

图 4-1-1 整个操作流程

在整个操作流程中,要注意添加或更换纸张、调整印刷位置、调整印刷浓度及更改印刷速度几方面的操作。

[实训 1] 一体化速印机的基本操作

步骤 1:将电源开关设定到Ⅰ(启动)以接通电源。电源开关位于机器右侧靠下的位置。当机器处于节约能源模式时,@键亮起,按@键可以唤醒机器,如图 4-1-2 所示。

步骤 2:检查显示屏确认任何检查错误显示屏区域均未亮起或闪烁。

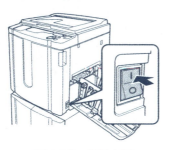
图 4-1-2 接通电源

图 4-1-3 放置原稿

步骤 3:放置原稿。打开扫描台盖,正面朝下放置原稿。将原稿中央对齐玻璃左侧的标志。放好原稿后,慢慢关上扫描台盖,如图 4-1-3 所示。

步骤 4:进行包括选择图像处理模式在内的各项设定。

步骤 5:点击"印刷量"键,输入要印刷的份数。指定的数字显示在印刷量显示屏上。

步骤 6:按"启动"键机器将自动扫描原稿并制版。制版完毕后,会印刷一份样本。检查试印结果,如:印刷位置与浓度。

步骤 7:再按一次"启动"键,此时会印刷指定的份数。

步骤 8:按"//"键。印刷完成之后,将这些设定恢复成初始设定,如图 4-1-4 所示。

小贴士

原稿放置完毕后,制版流程会自动开始:控制面板上的制版指示灯亮起。如果该指示灯未亮起,按按 Ⅿ 键。

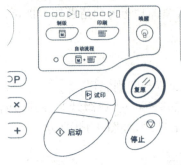
图 4-1-4 恢复成初始设定

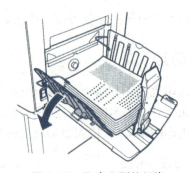
图 4-1-5 取出印刷的纸张

步骤 9：抬起压纸器，拉出纸台导板，然后取出纸张。如图 4-1-5 所示。

> **小贴士**
>
> 根据速印机的操作状态，不同的进度箭头部分会亮起或闪烁，如图 4-1-6 所示。
> 1. 制版进度箭头
> 2. 制版停止条
> 3. 印刷进度箭头
> 4. 印刷停止条
>
>
> 图 4-1-6 进度箭头
>
> 箭头 1 闪烁，并增加一格：制版流程正在进行。
> 箭头 3 闪烁，并增加一格：印刷流程正在进行。
> 停止条亮起：表示停止时间。
> 1 与 2 亮起：制版流程可以执行。
> 3 与 4 亮起：印刷流程可以执行。
> 1 与 4：在自动流程模式下。
> 本机停止，中间的箭头格闪烁：正在等待恢复指令。

[实训 2] 添加或更换纸张

印刷期间要添加纸张或更换不同尺寸的纸张时，应按进纸台下降按钮降下进纸台。进纸台中的纸张用尽或所有纸张均被取出后，进纸台会自动降到底，如图 4-1-7 所示。

> **小贴士**
> - 切勿混用不同尺寸的纸张。
> - 更换不同尺寸的纸张后，应根据替换纸张的尺寸重新设定出纸台导板与出纸挡板。

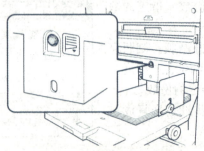
图 4-1-7 进纸台下降按钮

[实训 3] 调整印刷位置

使用垂直印刷位置调整键可以沿垂直方向调整印刷位置;使用水平印刷位置调整轮可以沿水平方向进行调整。调整范围:垂直方向为 ±15 mm;水平方向为 ±10 mm。调整印刷位置后,试印几份以检查新的印刷位置。

1. 调整垂直印刷位置(如图 4-1-8 所示)

步骤 1:按◀键,每按一次会将印刷位置向下移动约 0.5 mm。
步骤 2:按▶键,每按一次会将印刷位置向上移动约 0.5 mm。
步骤 3:按→0←键,将印刷纸张恢复到原来的位置。

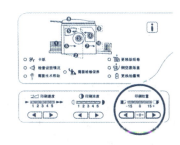

■:向下移动印刷位置。
■:向上移动印刷位置。

图 4-1-8　按◀/▶键调整垂直位置

2. 调整水平印刷位置(如图 4-1-9 所示)

步骤 1:按进纸台下降按钮降下进纸台。
步骤 2:转动进纸台旁边的水平印刷位置调整轮,调整水平位置。向上转动调整轮会向左移动印刷位置;向下转动调整轮会向右移动印刷位置。通过进纸台旁边的刻度标志,可以检查离中央的偏移量。刻度上的▲表示中央位置。

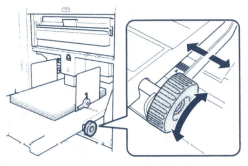

图 4-1-9　调整水平印刷位置

> **小贴士**
>
> 如果调整了水平位置,也应调整出纸台导板,并在印刷结束后将其复原到中央位置。

[实训 4] 调整印刷浓度和速度

印刷浓度有五种级别可供选择。按◀键,降低印刷浓度;按▶键,增加印刷浓度。每按键一次,印刷浓度即改变一级。选择节约油墨模式时,无法调整印刷浓度,如图 4-1-10 所示。

◐ : 稍淡

◑ : 稍浓

图 4-1-10　调整印刷浓度

印刷速度共有五级可供选择,从每分钟60张到每分钟130张。按◀键,降低印刷速度;按▶键,增加印刷速度。每按键一次,印刷速度即改变一级,如图4-1-11所示。

▶ : 减慢

▶▶ : 加快

下表显示指示灯档位与印刷速度之间的关系。

档位	1	2	3	4	5
印刷速度（每分钟份数）	约60	约80	约100	约120	约130

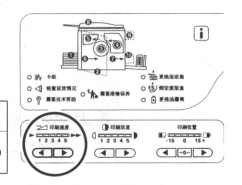

图 4-1-11　调整印刷速度

[知识链接]

一、认识一体化速印机的主控制面板(如图4-1-12所示)

① 检查错误显示屏:指出错误位置与状态。

② ⓘ 指示灯。

③ 印刷量显示屏(错误号码显示屏):显示印刷份数、各种设定输入的数值以及错误号码。

④ 制版键:让速印机准备好制作版纸。

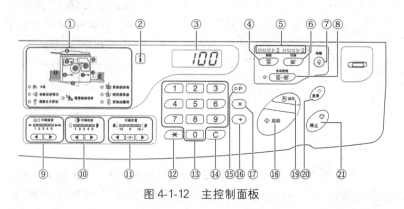

图 4-1-12　主控制面板

⑤ 进度箭头：指出制版与印刷流程的进度状态。准备好制版后，制版键上方的所有指示灯均亮起；准备好印刷时，印刷键上方的所有指示灯均亮起。

⑥ 印刷键：让速印机准备好印刷。

⑦ 唤醒键：唤醒节能模式下的速印机。

⑧ 自动流程键/指示灯：执行从制版到印刷的无间断操作。启动后，此键旁边的指示灯亮起。

⑨ 印刷速度调整键/指示灯：选择五级印刷速度之一。这些键上方的指示灯显示当前速度。

⑩ 印刷浓度调整键/指示灯：选择五级印刷浓度之一。这些键上方的指示灯显示当前浓度。

⑪ 垂直印刷位置调整键/指示灯：制版后沿垂直方向调整印刷位置（在±15毫米范围内）。这些键上方的指示灯显示离中心的偏移量。要清除偏移量，请按→0←。

⑫ ＊键：用可选购的链接打印机进行印刷时使用。

⑬ 印刷量键：用于输入要印刷的份数，或输入其他数值。

⑭ C键：取消输入的数值，或将计数器复位成零。

⑮ P键/指示灯：用于让速印机按指定（编程印刷）印刷并分组印刷。启动后，此键上方的指示灯亮起。

⑯ ＋键：设定编程印刷或更改初始设定时使用。

⑰ ×键：设定编程印刷时使用。

⑱ 启动键：开始制版或印刷流程或执行特定的操作。此键只有工作时才亮起。

⑲ 试印键：希望检查印刷结果（例如在调整印刷位置后）时使用。利用此键可以印刷试印本，而不会影响印刷量显示屏上的数值。

⑳ 复原键：将所有设定恢复成初始设定。

㉑ 停止键：停止正在进行的操作。

[拓展训练]

[训练] 放大与缩小原稿

印刷时可以放大或缩小原稿。通过选择标准比率可以指定放大/缩小比率，也可以按照1%的增量来指定，如图4-1-13所示。

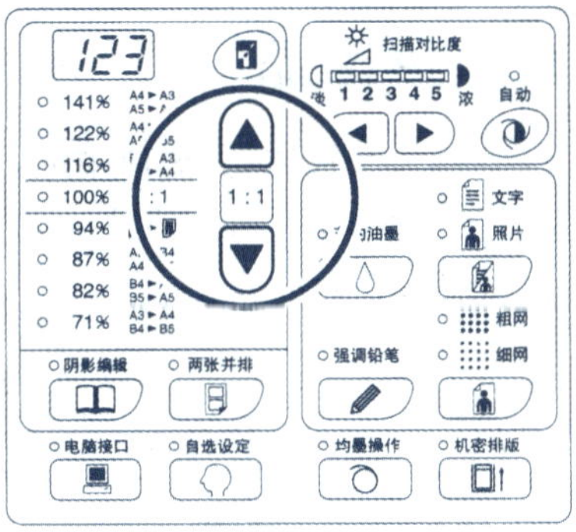

1. 按标准比率放大与缩小（标准）

将标准尺寸的原稿放大或缩小为另一标准尺寸时或是要增加原稿周围的页边距时，请选择标准比率。

步骤1：按▲/▼键指定放大/缩小比率。每次按此键时，所选比率的指示灯会亮起。

步骤2：要恢复100%，请按"1：1"键。

2. 使用任意指定功能进行放大与缩小（任意指定）

按1%的增量在50%到200%范围内指定放大与缩小比率。

步骤1：按 键选择任意指定模式，当前放大与缩小比率显示在显示屏中，如图4-1-14

图4-1-13 放大/缩小原稿

所示。

步骤2：按▲/▼键选择放大/缩小比率，▲键：每按一次比率增加1%；▼键：每按一次比率减少1%。所选择的放大与缩小比率显示在显示屏中，如图4-1-15所示。

步骤3：要恢复100%，按"1∶1"或 键。

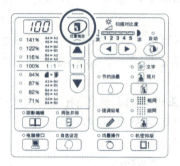
图4-1-14 任意指定模式

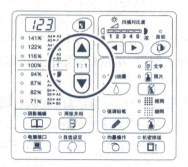
图4-1-15 放大/缩小比率

任务2 印刷"红头文件"

[任务目标]

① 能完成"红头文件"的印刷。
② 熟悉进纸台和出纸台的设定。

[任务情境]

文印室接到上级主管部门的任务，要协助印刷500份"红头文件"。由于要进行双色套印，小方不知如何进行操作。于是赶紧向朋友和理想公司请求技术指导。

[任务解析]

"红头文件"并非法律用语，是人们对各级政府机关下发的带有大红字标题和红色印章的文件的俗称。而一般"红头文件"，有行政管理权的行政机关在行政管理工作需要时就可以制定，如图4-2-1所示。

××市人民政府办公厅文件
×政办〔2014〕171号
_____
××市人民政府办公厅
关于印发2014年中国城市无车日
活动组织方案的通知

图4-2-1 "红头文件"

由于"红头文件"的印刷必须要用到"双色套印",所以在印刷过程中要调换印刷机组。

[实训 1] 完成"红头文件"的印刷

步骤 1:将"红头文件"的黑字部分用白纸遮盖,先印刷红字部分。

步骤 2:放置原稿。将原稿正面朝下放在扫描台上,文稿的中央对齐玻璃左侧的标志。放好原稿后,慢慢关上扫描台盖,如图 4-2-2 所示。

步骤 3:进行必要的设定。在付控制面板上选择"文字",如图 4-2-3 所示。

图 4-2-2　放置原稿

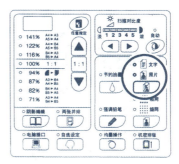

图 4-2-3　选择"文字"

步骤 4:使用印刷量键输入要印刷的份数(500)。

步骤 5:按"启动"键进行制版。制版完毕后,会印刷一份样本。

步骤 6:检查试印结果,如:印刷位置与浓度。印刷位置与浓度设定可以更改。更改这些设定后,再按"试印",然后再次检查试印结果,如图 4-2-4 所示。

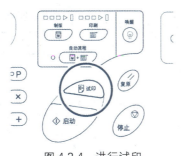

图 4-2-4　进行试印

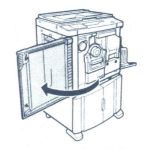

图 4-2-5　打开前盖

步骤 7:再按一次"启动"键。此时会印刷红字部分指定的份数。

步骤 8:红字部分印刷后,将印刷好的纸再放回进纸台。

步骤 9:打开前盖,如图 4-2-5 所示。

步骤 10:检查印刷滚筒释放钮的指示灯是否亮起。如果该指示灯熄灭,按印刷滚筒释放钮打开其指示灯,如图 4-2-6 所示。

步骤 11:握住印刷滚筒把手,拉出印刷滚筒直到拉不动为止,如图 4-2-7 所示。

步骤 12:用双手抬起印刷滚筒,从导板上取下它,如图 4-2-8 所示。

步骤 13:将准备好的黑色印刷滚筒▼标志对准导板上的▲标志,然后相对于导板水平放置印刷滚筒,如图 4-2-9 所示。

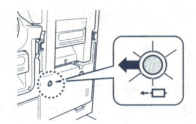
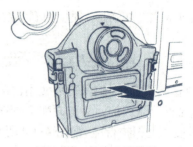

←□ ：印刷滚筒释放钮

图 4-2-6　打开释放钮指示灯　　　　图 4-2-7　拉出印刷滚筒

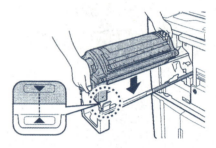

图 4-2-8　取出印刷滚筒　　　　图 4-2-9　安装黑色印刷滚筒

步骤14：将印刷滚筒放到正确的位置，然后关上前盖，如图 4-2-10 所示。

步骤15：按"均墨"键进行新机组均墨，如图 4-2-11 所示。

步骤16：将"红头文件"的红字部分用白纸遮盖，印刷黑字部分。

步骤17：再次操作第 2 步到第 7 步。注意黑字与红字部分的方向和位置。

> **小贴士**
>
> 拆卸与安装印刷滚筒时切勿触碰印刷滚筒上的接头，否则可能会因为静电或其他因素而导致印刷滚筒故障。

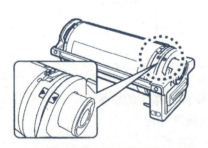
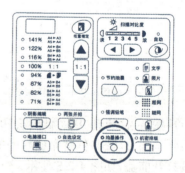

图 4-2-10　将机组归位　　　　图 4-2-11　进行均墨操作

[实训 2] 设定纸传动器或压纸器

纸张尺寸与强度会影响纸张的排列。调整纸传动器或压纸器，使已印刷纸张对齐。普通纸和厚纸使用纸传动器；强度较低的薄纸使用压纸器。

1. 使用纸传动器（使用纸传动器时请抬起压纸器）

步骤1：对于普通纸张，按下并打开所有四个纸传动器，如图4-2-12所示。

步骤2：对于页面上有不对称图像的普通纸张，按下并打开印刷较多一侧的两个纸传动器，如图4-2-13所示。

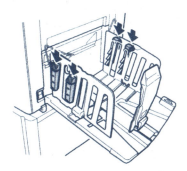 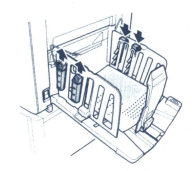

图4-2-12　打开四个纸传动器　　图4-2-13　打开印刷较多一侧的纸传动器

步骤3：对于厚纸，按下并打开靠近速印机的两个纸传动器（右与左），如图4-2-14所示。

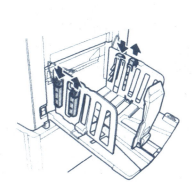 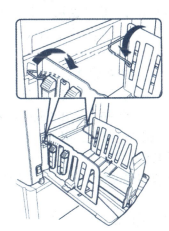

图4-2-14　打开靠近速印机的两　　图4-2-15　降下压纸器
　　　　　个纸传动器

2. 使用压纸器

步骤1：关闭纸传动器。

步骤2：将压纸器降到纸张导板内侧，如图4-2-15所示。

[知识链接]

一、一体化速印机外部部件名称与功能（如图4-2-16所示）

① 扫描台盖。

② 副控制面板。

③ 扫描台（正面朝下放置原稿）。

④ 主显示屏。

⑤ 主控制面板。

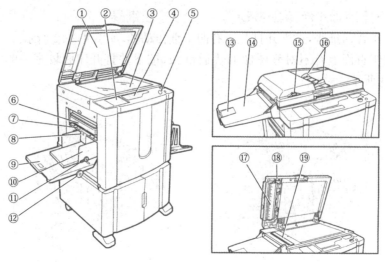

图 4-2-16 外部部件名称与功能

⑥ 废版盒，用于存放废版纸。

⑦ 进纸压力调节杆。根据使用的纸张，调节进纸压力。

⑧ 进纸台下降按钮。更换或添加纸张时降下进纸台。

⑨ 进纸台。

⑩ 进纸台导板，用于存放并引导纸张。可以滑动，贴齐纸张侧面。

⑪ 进纸台导板锁定杆，用于锁住进纸台导板。

⑫ 水平印刷位置调整轮，可向左或向右移动印刷位置。

⑬ 自动进稿机组原稿挡板，用于挡住自动进稿机组扫描的原稿。

⑭ 自动进稿机组出稿台。

⑮ 自动进稿机组原稿释放钮。发生卡纸或需要重新放置原稿时，按此钮释放送入自动进稿机组的原稿。

⑯ 自动进稿机组原稿导板，用于存放并引导自动进稿机组中的原稿。可以滑动，贴齐纸张侧面。

⑰ 自动进稿机组白辊。

⑱ 自动进稿机组原稿释放轮。发生卡纸时，用于释放送入自动进稿机组的原稿。

⑲ 自动进稿机组扫描台。

二、一体化速印机内部/背面部件名称及功能（如图 4-2-17 所示）

① 前盖。

② 油墨筒盖座。

③ 制版机组。

④ 制版机组盖。

⑤ 版纸导翼。

⑥ 版纸卷。

⑦ 版纸卷承轮。

⑧ 油墨筒。

项目四 一体化速印机的使用与维护

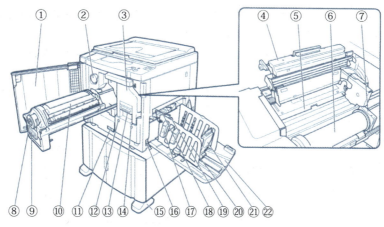

图 4-2-17 内部/背面部件名称及功能

⑨ 印刷滚筒把手。
⑩ 印刷滚筒。
⑪ 计数器,用于计算印刷件数(总印刷计数器)与制作的版纸数(版纸计数器)。
⑫ 印刷滚筒释放钮,用于松开印刷滚筒以便拆卸。
⑬ 制版机组把手。
⑭ 制版机组释放钮,用于松开制版机组以便拆卸。
⑮ 撑脚。
⑯ 电源开关。
⑰ 纸传动器。按下打开,以对齐已印刷的纸张。
⑱ 压纸器。根据纸张类型调整压纸器以对齐印刷纸张。
⑲ 出纸导翼调整轮。根据纸张尺寸及相关特征进行调整,以对齐印刷纸。
⑳ 出纸台导板。根据要印刷的纸张宽度进行滑动调整,对齐印刷纸张。
㉑ 出纸挡板。根据要印刷的纸张长度进行滑动调整,挡住已印刷并排入出纸台的纸张。
㉒ 出纸台。

[拓展训练]

[训练 1] 设定进纸台

步骤 1:打开进纸台,如图 4-2-18 所示。

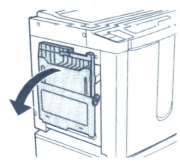

图 4-2-18 打开进纸台

小贴士

切勿使用尺寸不当或混合尺寸的纸张。在滑动进纸台导板之前,将其锁定杆设定到 位置。

步骤2：按印刷方向装入纸张，并将进纸台导板滑动到适合纸张两侧的位置。然后转动左、右进纸台导板锁定杆锁住导板，如图 4-2-19 所示。

步骤3：根据纸张特征设定进纸压力调节杆。※ 适用于对于标准纸张；⁂ 适用于对于厚纸或光面纸，如图 4-2-20 所示。

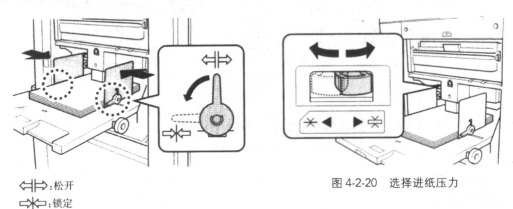

图 4-2-19　导板锁定杆

图 4-2-20　选择进纸压力

步骤4：关闭进纸台。关闭进纸台之前，取出纸张并将进纸台导板张开到最大限度。

[训练2]　设定出纸台流程

步骤1：打开出纸台，如图 4-2-21 所示。

步骤2：设定出纸台导板。竖起导板，握住靠下的部位，然后根据纸张宽度进行滑动，如图 4-2-22 所示。

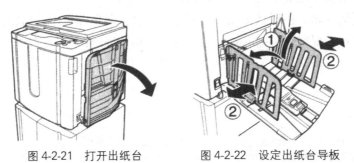

图 4-2-21　打开出纸台　　图 4-2-22　设定出纸台导板

步骤3：竖起出纸挡板，然后根据纸张长度进行滑动调整，如图 4-2-23 所示。

步骤4：调整出纸导翼。根据纸张类型与尺寸调整出纸导翼调整轮，如图 4-2-24 所示。

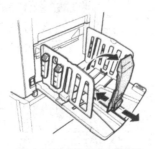
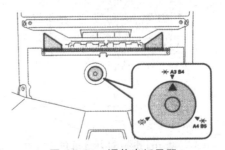

图 4-2-23　竖起出纸挡板　　图 4-2-24　调整出纸导翼

步骤5：关闭出纸台。先将出纸挡板滑到出纸台边缘并向内叠起，然后抬起压纸器，在纸传动器关闭时张开出纸台导板，再向内叠起导板，如图4-2-25所示。

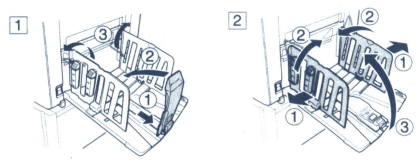

图4-2-25 关闭出纸台

任务3 更换一体化速印机耗材

[任务目标]

① 能根据用户手册更换油墨筒和版纸。
② 熟悉错误显示屏中耗材更换指示。

[任务情境]

公司文印室的理想数字一体化速印机RISO RV3490已经使用一段时间。一次在印刷通知的过程中，设备突然不工作了，控制面板上的指示灯也在不停地闪烁。柯美技术员告诉小方，一体化速印机在使用过程中，如果耗材(油墨和版纸)用尽，会在错误显示屏中出现更换指示(指示灯亮起或闪烁)。此时就需要按手册中的操作步骤进行耗材更换。

[任务解析]

数字化的一体化速印机在机器耗材(油墨和版纸)用尽时，会将信息反映到显示屏，一体化速印机的耗材指示是需要更换油墨筒和版纸，在操作手册中都有清晰的操作指示图例。我们只要按图操作，就可顺利完成任务。

[实训1] 更换油墨筒

步骤1：打开前盖，如图4-3-1所示。
步骤2：从支架中拉出空油墨筒。逆时针（🔓：松开）旋转油墨筒，然后将其拉出，如图4-3-2所示。
步骤3：从新油墨筒上取下盖子。小心不要触碰或撞击新油墨筒的出墨面，如图4-3-3所示。

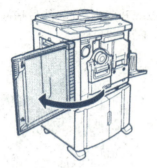

图 4-3-1 打开前盖

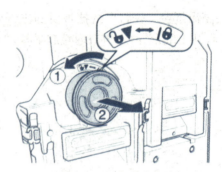

图 4-3-2 拉出空油墨筒

图 4-3-3 取下新油墨筒盖子

步骤 4：插入新的油墨筒。将油墨筒上的箭头对准支架上的▼标志，并推入油墨筒，直到推不动为止，如图 4-3-4 所示。

步骤 5：顺时针（🔒：锁定）旋转油墨筒将其锁定，如图 4-3-5 所示。

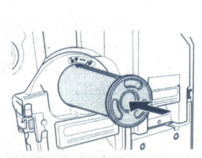

图 4-3-4 插入新的油墨筒

图 4-3-5 锁定油墨筒

步骤 6：关闭前盖。

[实训 2] 更换版纸卷

步骤 1：打开前盖。

步骤 2：检查制版机组释放钮的指示灯是否亮起。如果该指示灯熄灭，按制版机组释放钮打开其指示灯，如图 4-3-6 所示。

步骤 3：握住制版机组把手，然后拉出制版机组，直到拉不动为止，如图 4-3-7 所示。

小贴士

如拉出印刷滚筒后，无法拉出制版机组。应将印刷滚筒放到正确的位置，然后按制版机组释放钮。

📷：制版机组释放钮

图 4-3-6　制版机组释放钮　　　　图 4-3-7　拉出制版机组

步骤 4：握住制版机组盖锁定杆，打开制版机组盖，如图 4-3-8 所示。
步骤 5：打开版纸卷承轮，如图 4-3-9 所示。

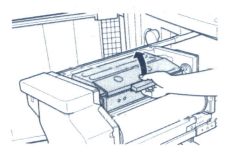
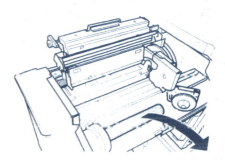

图 4-3-8　打开制版机组盖　　　　图 4-3-9　打开版纸卷承轮

步骤 6：取下用尽的版纸卷。
步骤 7：安装新的版纸卷。从版纸卷上取下收缩包装（透明薄膜），放好版纸卷，使其版纸芯上的 ⓘ 标志位于左侧，如图 4-3-10 所示。
步骤 8：关上版纸卷承轮后，取下包装纸，如图 4-3-11 所示。
步骤 9：将版纸卷的版纸头插入版纸导翼下的入口，直到插不进为止。如果版纸松动，可向内旋转右侧凸缘进行收紧，如图 4-3-12 所示。

小贴士

取下收缩包装时，注意不要损伤有 ⓘ 标志的部位。如果该部位发生弯曲或穿孔线被剪掉，则版纸卷将不能使用。

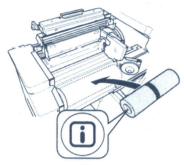
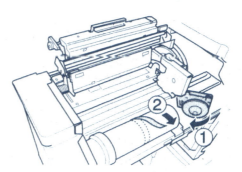

图 4-3-10　ⓘ 标志位于左侧　　　　图 4-3-11　取下包装纸

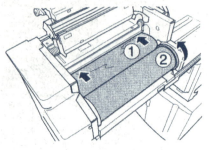
图 4-3-12　插入版纸头

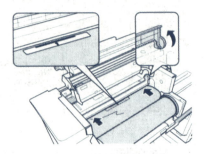
图 4-3-13　抬起版纸导翼

如果无法妥善插入版纸头,可采取下述操作过程:(如图 4-3-13 所示)
① 抬起版纸导翼,向内转动版纸导翼旁边的调整轮以抬起版纸导翼。
② 将版纸卷拉到箭头所指的刻度线。
③ 将版纸导翼降到原来的位置。

步骤 10:关上制版机组盖,将制版机组返回原来的位置,然后关闭前盖。

[知识链接]

一、使用检查错误显示屏检查机器故障

一体化速印机发生错误、耗材或其他部位尚未就绪时,检查错误显示屏会显示错误位置及表示错误类型的号码。对于有些错误,错误号码会显示在错误号码显示屏(印刷量显示屏)上。除显示错误类型的指示灯外,显示错误位置的号码也会亮起,如图 4-3-14 所示。

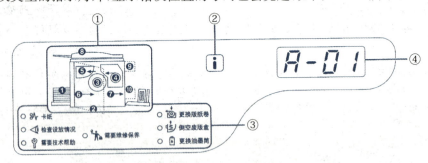

图 4-3-14　检查错误显示屏

① 错误位置指示灯:对应错误位置的号码会亮起。
② [i] 指示灯:功能正在使用时亮起。
③ 错误类型指示灯:
● (卡纸)指示灯:速印机或自动进稿机组(选购件)内部发生卡纸时亮起。
● (检查设放情况)指示灯:印刷滚筒、纸张或其他项目尚未就绪时亮起。
● (需要技术帮助)指示灯:发生重大错误而需要专业维修人员提示或提供技术支持时亮起。
● (需要维修保养)指示灯:到达定期检修时间时亮起。
● (更换版纸卷)指示灯:剩余版纸很少时闪烁,用尽所有版纸时亮起。
● (倒空废版盒)指示灯:废版盒已满时亮起。
● (更换油墨筒)指示灯:剩余油墨太少时闪烁,用尽所有油墨时亮起。
④ 错误号码显示屏(印刷量显示屏):错误号码会出现在印刷量显示屏上并闪烁。

项目四 一体化速印机的使用与维护

[拓展训练]

[训练] 倒空废版盒

步骤1：握住废版盒的把手，向左侧拉出废版盒。如果废版盒被锁定，可以将锁定杆向右推解除锁定，如图4-3-15所示。

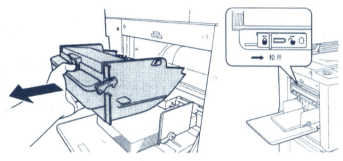

图 4-3-15　拉出废版盒

步骤2：排出废弃的版纸。如果版纸粘在废版盒内侧，可按把手上的操纵杆，如图4-3-16所示。

步骤3：将废版盒放到正确的位置。插入废版盒直到插不进为止，如图4-3-17所示。

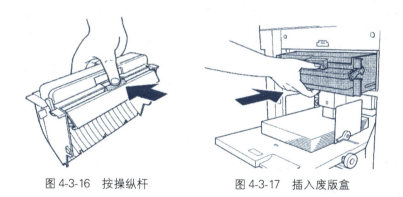

图 4-3-16　按操纵杆　　　　图 4-3-17　插入废版盒

任务4　对一体化速印机进行常规维护

[任务目标]

① 能排除卡纸故障。
② 能进行一体化速印机的日常清洁工作。

[任务情境]

文印室的理想数字一体化速印机 RISO RV3490 已经使用一段时间。一次在印刷通知的过程中,设备突然不工作了,控制面板上指示灯在不停地闪烁。小方发现是卡纸指示灯亮起,却不知如何进行操作。小方打电话给柯美公司,柯美技术员告诉小凡:一体化速印机在使用过程中,由于设备结构的复杂和精密,难免会出现一些故障,只要对照用户手册对故障产生的原因进行分析,注意观察故障现象就可以解决。

[任务解析]

数字化的一体化速印机在机器有故障时会将故障信息反映到显示屏,当相应部件遇到故障时通常会在显示屏上指示相应的故障部位,我们可以根据指示在一体化速印机的相应位置排除故障。一体化速印机的通常故障是卡纸,排除卡纸在操作手册中都有清晰的操作指示图例,只要按图指示,就可顺利完成任务。

[实训1] 排除卡纸(版纸卡在卸版部位)

步骤1:取出废版盒。
步骤2:站在进纸台一侧,拉下内部右侧的卸版棍释放杆,如图4-4-1所示。

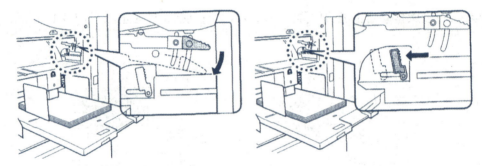

图4-4-1 拉下卸版棍释放杆

步骤3:取下卸版棍上卡住的版纸。
步骤4:推入卸版棍锁定杆。

[实训2] 更换搓纸垫

当发现机器在印刷时经常出现双张或卡纸故障,可能是所用的纸张太薄,可以自己动手将搓纸部分的搓纸垫换为另一种材料的搓纸垫以改善情况。

步骤1:把搓纸机组往前拉出,把滑块①向下推,再按下②打开,如图4-4-2所示。
步骤2:搓纸垫黏贴于基座上,依箭头方向将基座从搓纸机组的背部取出,如图4-4-3所示。
步骤3:将新的搓纸垫底部的双面贴纸依箭头方向撕开,如图4-4-4所示。

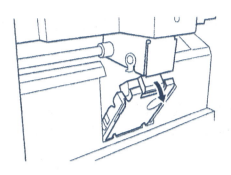
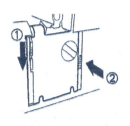

图 4-4-2　拉出搓纸机组

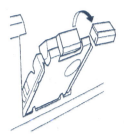

图 4-4-3　拔出基座　　　　图 4-4-4　撕开双面贴纸

步骤 4：将搓纸垫依虚线位置与基座对齐，然后贴牢。也可先将搓纸垫插入基座，插到底再粘贴，如图 4-4-5 所示。

步骤 5：将之前拨下银色的"盖 R：搓纸垫"依图 4-4-6 所示插入"基座 R：搓纸垫"的槽中。

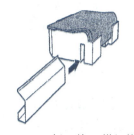

图 4-4-5　粘贴搓纸垫　　　　图 4-4-6　插入盖 R：搓纸垫

步骤 6：装配好搓纸垫后，将基座装回搓纸机组上。把搓纸机组向机器中推回，整个过程完成。关闭搓机组时，应将其上方的辊轴向上抬起。

[知识链接]

一、一体化速印机保养注意事项

为了使一体化速印机发挥更大的作用，保证设备的正常运行，就必须对设备进行必要的保养。

1. 日常保养

一体化速印机在日常使用中，要由使用者进行经常性的保养。日常保养以清洁为主，通常在每天工作结束后，对机器的外表及使用时暴露在外的部分进行清洁工作。清洁工具以干净的棉布和清水为主。热敏打印头通常以500个版为一个保养周期,在保养工作时要切断电源,注意安全。

2. 定期保养

一体化速印机除日常保养外,还需要对设备进行定期的检查。检查时发现问题要及时排除。定期保养工作分为6个月检查保养和12个月检查保养。其检查保养内容参照相关使用手册进行,也可请售后服务人员来进行。

二、进行日常清洁工作

清洁一体化速印机任何部件之前,要先切断电源,不可擅自拆卸任何固定的机盖。

1. 清洁热敏印刷头

如果印刷件上发现有竖直白线,说明热敏印刷头有污渍。每次更换版纸卷时,最好清洁热敏印刷头。打开制版机组盖,用软布或卫生纸蘸少量酒精,轻轻擦拭机组背面的热敏印刷头。要注意的是:热敏印刷头属高精密部件,应避免硬物撞击或刮伤。热敏印刷头易受静电影响(损坏),在清洁之前,务必消除机身中累积的静电,如图4-4-7所示。

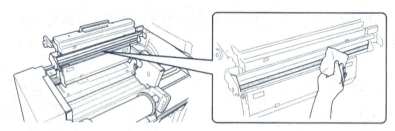

图 4-4-7 清洁热敏印刷头

2. 清洁扫描台玻璃与扫描台盖

如果扫描台玻璃或扫描台盖有污渍,应用软布或卫生纸轻轻擦拭。要注意的是:扫描台玻璃属高精密部件,应避免硬物撞击或刮伤,如图4-4-8所示。

图 4-4-8 清洁扫描台玻璃与扫描台盖

3. 清洁压辊

如果压辊(将印刷纸张压到印刷滚筒上)有污渍,污迹可能会出现在印刷件背面。如果出现此种情形,应用软布蘸下酒精轻轻擦拭压辊。手伸入机组时,注意不要触碰分纸钩。分纸钩尖端比较锐利,可能会伤到手部,如图4-4-9所示。

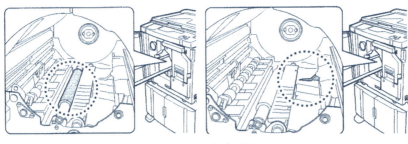

图 4-4-9　清洁压辊

4. 清洁速印机外壳

为帮助防尘,要定期用软布擦拭速印机外壳。速印机外壳为塑料件,因此清洁时切勿使用酒精或溶剂。

[拓展训练]

[训练1] 解决纸张无法顺畅地从进纸台进纸

步骤1:问题可能是进纸压力调节杆位置不当造成的。对于厚纸或光面纸,将进纸压力调节杆设定到" "位置。

步骤2:守搓纸板角度不当。如果步骤1调整未能解决此问题,可采用下述操作,按箭头方向逆时针转动搓纸板角度,如图 4-4-9 所示。

小贴士

执行调整操作之前,务必从进纸台取出纸张,然后检查进纸台是否已降到底。

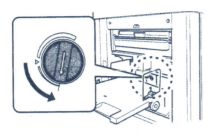　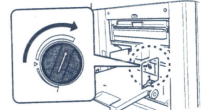

图 4-4-9　逆时针调整搓纸板　　　图 4-4-10　顺时针调整搓纸板

[训练2] 解决纸张从进纸台进纸时摞起

步骤1:把进纸台降到底,从进纸台取出纸张。

步骤2:按箭头方向顺时针转动搓纸板角度,如图 4-4-10 所示。

[项目评价]

序号	评价项目	评价关键点	学生自评	教师评价	配分
1	识别操作面板上的按键和显示	指出部件名称			5
		指出按键的功能			5

续 表

序号	评价项目	评价关键点	学生自评	教师评价	配分
		说出控制面板显示的操作			5
2	油墨筒更换	指出需更换油墨筒时的屏显			5
		按正确流程更换油墨筒			5
3	版纸卷更换	指出需更换版纸卷时的屏显			5
		按正确流程更换版纸卷			10
4	常规印刷	印刷前的部件设置正确			10
		按正确流程完成操作			10
5	"红头文件"的印刷	原稿放置是否正确			5
		印刷机组的更换正确			10
		控制面板操作正确			10
		操作流程规范			5
6	排除卡纸故障	正确指出卡纸位置			5
		正确排除卡纸故障			5

项目五　传真机的使用与维护

[项目概述]

传真机具有利用电话线路实现远距离资料传输的特点,因此它在日常的办公活动中是必不可少的设备之一。只需拨个号码,就能实现资料之间的传送。大大解决了异地办公的困扰,提高了人们的办公效率。很多同学刚步入社会进入公司面临的第一个任务就是给客户传真文件。即使在网络快捷发展的今天,传真机作为一种经济、方便、间接的沟通方式,它依旧以其广泛的适用性、操作的简单性,在人们的生活和企业办公中起着不可替代的作用。

[项目目标]

1. 技能目标

① 能对传真机进行工作设置。
② 能收发传真。
③ 能排除传真过程中的故障。

2. 知识目标

认识传真机的主要部件。

任务1　对传真机进行工作设置

[任务目标]

① 能对传真机进行工作设置。
② 熟悉传真机的主要部件。

[任务情境]

公司最近新购买了兄弟 FAX-2820 传真机。陈主任要求小方先研究传真机的部件,然后把传真机设置好,进入工作状态。小方接到任务,仔细研究起来。

[任务解析]

传真机和电话机是有区别的,要使传真机进入工作状态,首先要完成传真机的安装,其次要对传真机进行工作设置。这就要求我们认真研究传真机的使用操作手册,一般操作手册上都有清晰的操作指示图例。

[实训1] 传真机的安装(FAX-2820)

步骤1:连接电话线。

① 将电话线的一端插入到设备上标有 LINE 的插孔中,将另一端插入到墙上标准电话插座的插孔中,如图 5-1-1 所示。

② 如果在同一条电话线上连接分机电话和外接电话,请按图 5-1-2 所示连接。

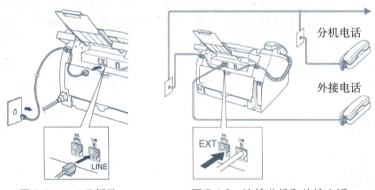

图 5-1-1　LINE 插孔　　　　　　图 5-1-2　连接分机和外接电话

步骤2:安装听筒。将听筒卷线一头连接到设备,另一头连接到听筒,如图 5-1-3 所示。

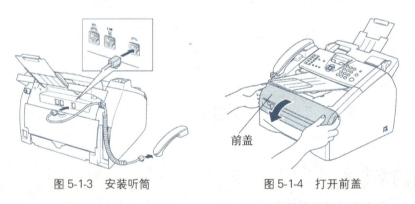

图 5-1-3　安装听筒　　　　　　图 5-1-4　打开前盖

步骤3:硒鼓单元组件。

① 打开设备前盖,如图 5-1-4 所示。

② 将原装硒鼓单元组件从包装中取出,并将其轻轻地左右摇晃数次,使墨粉在组件内均匀分布,如图 5-1-5 所示。

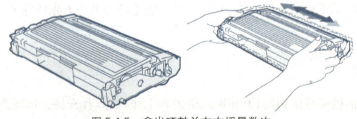

图 5-1-5　拿出硒鼓并左右摇晃数次

③ 将硒鼓单元组件装回设备，直至完全锁定，如图 5-1-6 所示。
④ 合上设备前盖，如图 5-1-7 所示。

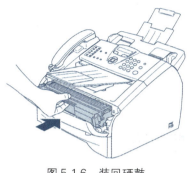

图 5-1-6　装回硒鼓

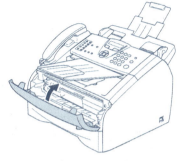

图 5-1-7　关紧前盖

步骤 4：在纸盒内装入纸张。
① 将纸盒完全从设备中拉出，如图 5-1-8 所示。
② 按住导纸板释放杆，滑动调节器调整以适合纸张大小。检查导纸板是否已牢固地插入插槽中，如图 5-1-9 所示。

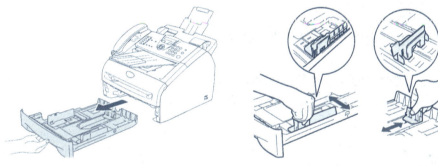

图 5-1-8　拉出纸盒　　　　　　　　图 5-1-9　滑动调节器调整

③ 使纸张呈扇形散开，让纸张分离，以避免卡纸和进纸错误。然后将这叠纸放在平面上对齐，如图 5-1-10 所示。
④ 将纸张装入纸盒。检查纸盒中的纸张是否平整，纸叠是否位于最高纸张限量标记之下，如图 5-1-11 所示。

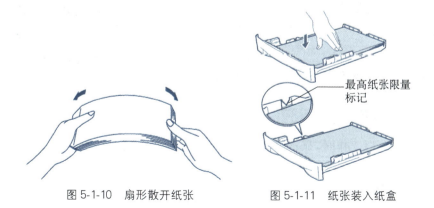

图 5-1-10　扇形散开纸张　　　　　　图 5-1-11　纸张装入纸盒

⑤ 将纸盒装回设备,如图 5-1-12 所示。

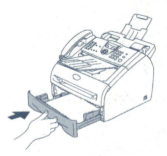
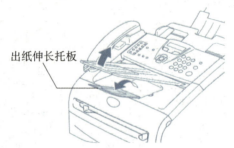

图 5-1-12　装回纸盒　　　　图 5-1-13　展开出纸伸长托板

> **小贴士**
>
> 在使用设备前展开出纸伸长托板,如图 5-1-13 所示。

[实训 2] 设置传真机的 ID

在发送的传真上显示自己的传真号码。机器的 ID,包括本机的电话号码和名称或公司名称,将被打印在所发送的每一页传真的顶部。

步骤 1:按"功能/设定"键。

步骤 2:按数字 0。

步骤 3:按数字 3。

步骤 4:使用拨号盘输入本机的传真号码(最多 20 位),然后按"功能/设定"键,如图 5-1-14 所示。

步骤 5:使用拨号盘输入本机的电话号码(最多 20 位),然后按"功能/设定"键(如果电话号码和传真号码相同,再次输入相同的号码),如图 5-1-15 所示。

图 5-1-14　输入本机的传真号码　　　　图 5-1-15　输入本机的电话号码

步骤 6:使用拨号盘输入自己姓名或公司名称(最多 20 个字符),然后按"功能/设定"键,如图 5-1-16 所示。

图 5-1-16　输入名称

> **小贴士**
>
> 如果需要输入与前一字符位于同一个键上的字符,按 ▷ 键将光标移至右侧即可。

步骤 7:按"停止/退出"键。

[实训 3] 设置日期和时间

当机器打开,可以工作时,显示屏上会显示当前日期和时间。在所有的传真上也会打印日期和时间。

步骤 1:按"功能/设定"键。

步骤2：按数字0。

步骤3：按数字2。

步骤4：使用拨号盘输入年份的最后两位数字（如：输入1、5，即表示2015年），然后按"功能/设定"键，如图5-1-17所示。

步骤5：使用拨号盘输入月份的两位数字（如：输入0、3，即表示3月份），然后按"功能/设定"键，如图5-1-18所示。

```
Year:2015
```

图5-1-17　输入年份

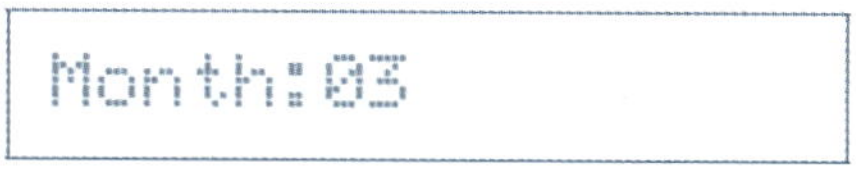

```
Month:03
```

图5-1-18　输入月份

步骤6：使用拨号盘输入日期的两位数字（如：输入0、1，即表示1日），然后按"功能/设定"键，如图5-1-19所示。

步骤7：使用拨号盘以24小时制输入时间（如：输入1、5、2、5，即表示下午3点25分），然后按"功能/设定"键，如图5-1-20所示。

```
Day:01
```

图5-1-19　输入日期

```
Time:15:25
```

图5-1-20　输入时间

> **小贴士**
>
> 如果输入错误，按"停止/退出"键从步骤1重新开始。

步骤8：按"停止/退出"键。

[知识链接]

一、传真机与其他通信手段的区别

① 由于传真件不可被更改的真迹传送，所以被广泛用于正式的商业往来文件（需要签字盖章的商函）当中，而电话做为口头的约定，是不具有法律效力的。

② 传真可以传输图片、图形、设计草案，甚至颜色，而电话仅仅是口头描述，有可能不能把事情描述清楚。

③ 传真普及地域更广，有电话线的地方即可收发传真。

④ 传真件保密性好，由于是电话线传输，不容易被窃取（而电子邮件在互联网传输过程中是很容易被窃取的），所以适用对安全要求较高的文件。

⑤ 传真更易使用，尤其对于不会使用电脑的人而言。

二、了解传真机各部件（如图5-1-21所示）

① 电话听筒；

② 控制面板盖；

③ ADF 原稿输出托板；
④ 手动进纸槽；
⑤ 纸盒；
⑥ 电源开关；
⑦ 前盖；
⑧ 正面向下出纸托板(带伸长板)；
⑨ 控制面板；
⑩ 自动进稿器(ADF)；
⑪ 自动进稿器托纸板。

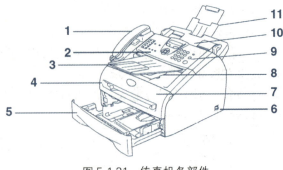

图 5-1-21　传真机各部件

[拓展训练]

[训练]　存储单拨号码

拨打某一速拨号码时，如果已存储此名称，屏幕将显示其名称或号码。FAX-2820 有 10 个单拨号键，可存储多达 20 个用于自动拨号的传真或电话号码。要按 11～20 之间的单拨号键时，应在按单拨号键的同时按住转换键。如果存储了名称或数字，则屏幕将会显示名称或数字，如图 5-1-22 所示。

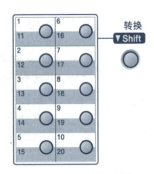

图 5-1-22　单拨号键　　　　图 5-1-23　进入单拨号设置

步骤 1：按"功能/设定"键，然后按数字 2、3、1，如图 5-1-23 所示。

步骤 2：按想要存储号码的单拨号键。

步骤 3：输入电话号码或传真号码(最多 20 位数字)，按"功能/设定"键。

步骤 4：使用拨号盘来输入名称(最多 15 个字符)，按"功能/设定"键。

步骤 5：转到步骤 2 存储其他的单拨号码。

步骤 6：按"停止/退出"键。

小贴士

即使停电，保存在内存中的速拨号码也不会丢失。

任务 2　收发会议通知

[任务目标]

① 能手动发送传真。
② 能手动接收传真。

[任务情境]

小方刚把兄弟 FAX－2820 传真机安置好,公司的上级主管部门就有会议通知的传真发过来。经过几次小挫折后,小方终于把传真收下并打印出来。陈主任看过后,批了几条意见,要求小方把批过的传真发送到几个分公司去。

[任务解析]

本次任务涉及传真机的接收和发送。发送传真时要注意将原稿放正确,设置好分辨率,按规定流程操作。接收传真时,首先要完成传真机接收模式的设定,不同模式下的接收方式各不相同;其次要按规定流程操作。在接收和发送操作过程中分辨电话铃声和传真铃声是关键。

[实训1] 手动发送传真

步骤1:确保 (传真)键显示为绿色。如果未显示为绿色,按 (传真)键进入传真模式。默认设置为传真模式。

步骤2:准备文件。由于使用 ADF(自动进纸器)进纸,所以一次最多可装入 20 张纸(75 g/m², 20 lb)。同时,装入的纸张大小不要小于 142×148 mm,也不要大于 216×356 mm;装入文件前取掉订书钉和回形针;确定装入文件前纸张上的胶水、墨水或修改液已干;不要装入大小或重量不同的纸张;不要装入包含其他不常用字符的小册子、透明胶片或文件。

步骤3:将原稿面朝下放入自动进稿器中。

① 径直拉开文件输入架。确保将原稿以面朝下、顶部先进入的方式放入自动进稿器直到原稿接触到进纸辊,如图 5-2-1 所示。

② 将文件导板调整至适合文件的大小。

步骤4:调整传真分辨率。装入原稿后,可使用分辨率键临时更改设置(仅对本次传真)。在传真模式下,按分辨率键和▲或▼键选择所要的设置,然后按

> **小贴士**
> 不要试图装入下列纸张类型:复写纸或背面可复写的纸、涂层纸、葱皮纸或薄纸、皱或折过的纸、卷曲或包有金箔的纸、破损的纸。

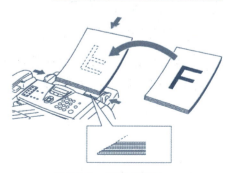

图 5-2-1　原稿面朝下

"功能/设定"键。

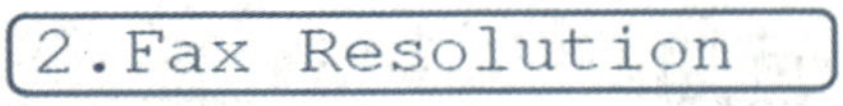

2.Fax Resolution

图 5-2-2　选择分辨率

① 按"功能/设定"键，然后按数字 2、2、2，如图 5-2-2 所示。

② 按▲或▼键选择需要的分辨率，可以选择 Standard(标准)、Fine(精细)、Super Fine（超精细）和 Photo(照片)，再按"功能/设定"键。

步骤 5：调整传真对比度。如果原稿颜色非常浅或非常深，则需要改变对比度。使用 Light(浅)来发送颜色浅的原稿，使用 Dark(深)来发送颜色深的原稿。

① 按"功能/设定"键，然后按数字 2、2、1，如图 5-2-3 所示。

② 按▲或▼键选择 Auto(自动)、Light(浅)或 Dark(深)，再按"功能/设定"键。

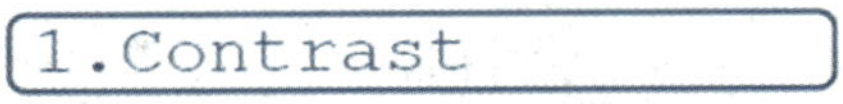

1.Contrast

图 5-2-3　调整对比度

1.Transmission

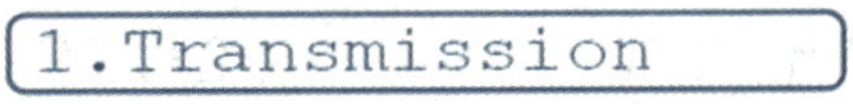

图 5-2-4　开启传输验证报告

步骤 6：开启传输验证报告。打印传输报告对发送的传真进行确认。验证报告列出了发送日期和时间以及传真是否发送成功(OK)的信息。如果选择了 On(开)或 On + Image(开 + 图像)，则所发送的每一份传真都将打印在报告上。

① 按"功能/设定"键，然后按数字 2、4、1，如图5-2-4所示。

② 按▲或▼键选择 On(开)、On + Image(开 + 图像)，再按"功能/设定"键。

③ 按"停止/退出"键。

步骤 7：按免提拨号或拿起听筒，可以听到拨号音。

步骤 8：使用数字键盘输入远程传真机的号码。也可以使用单按、速拨或组拨号码，如图 5-2-5 所示。

步骤 9：在听到远程传真机发出声调高的传真信号时，按"启动"键，如图 5-2-6 所示。

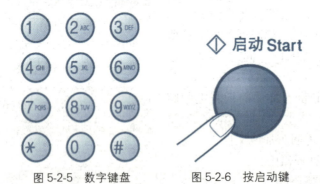

1
2 ABC
3 DEF
4 GHI
5 JKL
6 MNO
7 PQRS
8 TUV
9 WXYZ
*
0
#

图 5-2-5　数字键盘

启动 Start

图 5-2-6　按启动键

步骤 10：确认发送。文件的最后一页被成功发送之后，机器会发出嘟嘟声，然后返回待机模式，同时自动打印确认报告。

小贴士

确认报告很重要，这是证明你工作没有失责的证据。

[实训 2] 选择或更改接收模式

步骤 1：按"功能/设定"键，然后按数字 0、1，如图 5-2-7 所示。

步骤 2：按▲或▼键选择 Fax Only（仅传真）、Fax/Tel（传真/电话）、ExternalTAD（外接应答设备）或 Manual（手动），再按"功能/设定"键，如图 5-2-8 所示。

步骤 3：按"停止/退出"键。

图 5-2-7　进入接收模式 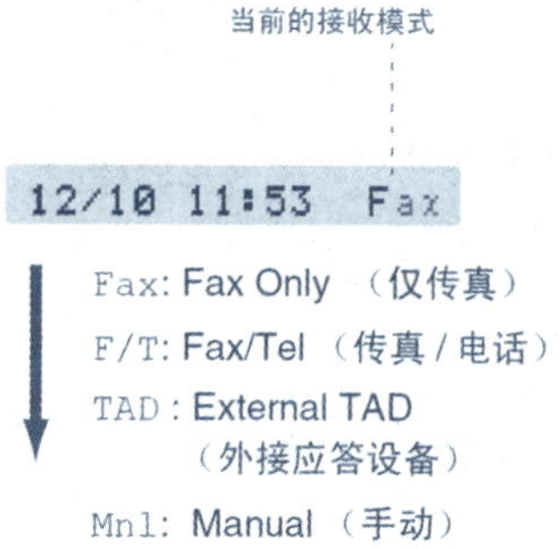　　　　图 5-2-8　选择接收模式

[知识链接]

一、传真机操作面板介绍（如图 5-2-9、图 5-2-10 所示）

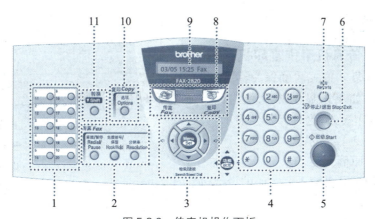

图 5-2-9　传真机操作面板

1. 单拨号键	2. 传真和电话键	3. 浏览键
4. 拨号盘	5. 启动键	6. 停止/退出键
7. 报告键	8. 模式键	9. 液晶显示屏(LCD)
10. 复印选项键	11. 转换键	

图 5-2-10　部件名称

二、传真机接收模式介绍（图 5-2-11）

液晶显示屏	如何工作	何时使用
Fax Only（仅传真） （自动接收）	设备自动将每个呼叫作为传真进行应答	用于传真专线
Fax/Tel（传真/电话） （传真和电话） （使用外接电话或分机电话）	设备控制线路并自动应答每个呼叫。如果呼叫为传真，则将接收此传真。如果呼叫不是传真，设备将振铃（伪/双振铃）以通知接听电话	如果想主要用来接收大量传真，同时也偶尔接听电话，可使用此功能。不可将应答设备接入到同一线路上，即使接在同一线路分离式的电话插座上也不可以。在此模式下，不可使用电信局提供的语音邮件服务
External TAD （外接应答设备） （仅可使用外接应答设备）	外接应答设备（TAD）自动应答每次呼叫，并且会把留言存储在外接电话应答设备中。如果是传真电话，设备将接收传真	如果已将应答设备连接到设备上，可使用此模式。 外接应答设备的设置仅对外接应答设备起作用。在此设置中，振铃延迟无效
Manual（手动） （手动接收） （使用外接电话或分机电话）	可控制每一个呼叫，并且亲自应答每个呼叫	如果传真的接收量不是很大，可使用此模式。 如果应答并听到传真音，应稍候直到设备自动接收了此呼叫，然后挂上电话

图 5-2-11　接收模式介绍

[拓展训练]

[训练] 将传真机用作复印机

步骤 1：进入复印模式。确保 （复印）键显示为绿色。如果未显示为绿色，按 （复印）键进入复印模式，此时屏幕会显示默认复印设置，如图 5-2-12 所示。

步骤 2：装入原稿。

步骤 3：使用拨号盘输入要复印的份数（最多 99 份）。

步骤 4：按"启动"键。（要停止复印，按"停止/退出"键）

> **小贴士**
>
> A4 纸张大小的单张复印或 1 合 1 复印的可打印区域如图 5-2-13 所示。可打印区域随纸张大小变化而变化。设备的可打印区域从纸张两侧边缘起约 2 毫米，从纸张顶端或底端边缘起约 3 毫米。

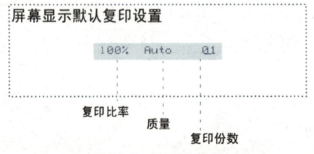

图 5-2-12　显示复印设置

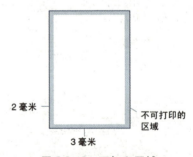

图 5-2-13　可打印区域

任务 3　排除传真故障

[任务目标]

① 能排除传真过程中的卡纸故障。
② 能更换传真机耗材。
③ 能清洁、保养传真机。

[任务情境]

公司的兄弟 FAX-2820 传真机在使用一段时间后,有时会出现卡纸故障。小方将这个情况向兄弟公司反映,兄弟公司指导小方按操作手册排除故障。同时,也指导小方更换传真机耗材和能清洁、保养传真机。

[任务解析]

本次任务主要是排除卡纸故障。由于纸张本身的问题,或者纸张保管不善,都会引起卡纸。对传真机而言排除卡纸并不难,只要按操作手册进行就可以;更换传真机耗材指的是更换硒鼓单元;清洁和保养传真机要注意手册上的注意事项。

[实训 1] 排除原稿卡纸

如果原稿未插入或未正确放入,或原稿本身太长都会造成卡纸。请遵循下列步骤清除卡纸。
步骤 1:打开控制面板盖,如图 5-3-1 所示。
步骤 2:将原稿小心地向设备的前方拉出,如图 5-3-2 所示。

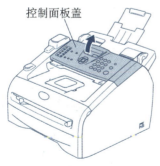
图 5-3-1　打开控制面板盖

图 5-3-2　前方拉出卡住的原稿

步骤 3:合上控制面板盖,按"停止/退出"键。

[实训 2] 排除设备中的卡纸

步骤 1:将纸盒从设备中完全抽出。

步骤2：将卡住的纸张从纸盒位置拉出，如图5-3-3所示。

图5-3-3　从纸盒位置拉出卡纸

图5-3-4　打开前盖

步骤3：打开前盖，如图5-3-4所示。

步骤4：取出硒鼓单元及墨粉盒组件。取出墨粉盒和硒鼓组件后可以取出卡住的纸张，或者可以松开纸张，然后从纸盒中抽出，如图5-3-5所示。

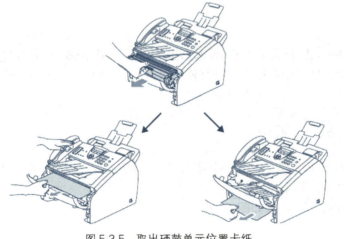

图5-3-5　取出硒鼓单元位置卡纸

小贴士

为防止静电损坏设备，请勿触摸如图5-3-6所示的电极。

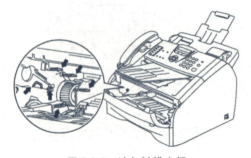

图5-3-6　请勿触摸电极

图5-3-7　装回硒鼓单元

步骤5：将硒鼓单元和墨粉盒组件装回设备中，如图5-3-7所示

步骤6：合上前盖。

步骤7：将纸盒装回设备中。

[实训3] 更换墨粉盒

刚使用过传真机后,设备内部的一些部件温度非常高,所以切勿触摸如图5-3-8所示的阴影区域和5-3-9的电极。

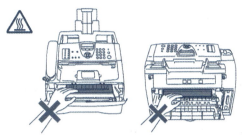

图 5-3-8　高温部位

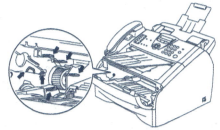

图 5-3-9　不要触摸电极

步骤1:打开前盖,取出硒鼓单元和墨粉盒组件,如图5-3-10所示。

步骤2:按下左侧的锁定杆,将墨粉盒从硒鼓单元中取出,如图5-3-11所示。

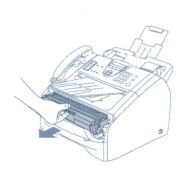

图 5-3-10　取出硒鼓单元组件

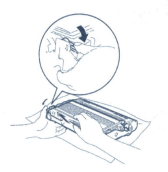

图 5-3-11　墨粉盒从硒鼓单元中取出

> **小贴士**
>
> 拿墨粉盒时要小心,如果墨粉洒在手上或衣物上,立刻将其抹去或用冷水冲洗。

> **小贴士**
>
> 请勿触摸如图5-3-12所示的阴影区域以避免影响打印质量。

步骤3:将硒鼓单元放在废纸或大的废布上,以避免墨粉洒落。

步骤4:将使用过的墨粉盒装入铝包中,根据环保法规处理废弃的墨粉盒。

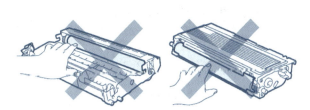

图 5-3-12　请勿触摸阴影区域

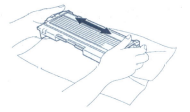

图 5-3-13　摇匀墨粉

步骤5:打开新墨粉盒的包装。轻轻将墨粉盒左右摇晃5到6次,使墨粉盒内墨粉分布均匀,如图5-3-13所示。

步骤6:取下保护盖,如图5-3-14所示。

步骤7:将新墨粉盒装入硒鼓单元,直到听到"咔哒"一声,表明其已锁定到位。如果放置到位，锁定杆将自动抬起，如图 5-3-15 所示。

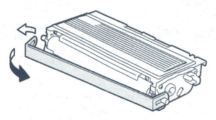
图 5-3-14　取下保护盖

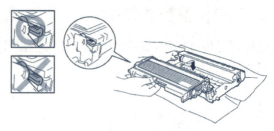
图 5-3-15　安装新墨粉盒

步骤 8：将蓝色滑块轻轻左右滑动数次以清洁硒鼓单元内的电晕丝。安装硒鼓单元和墨粉盒组件前，使蓝色滑块回到初始位置（▼），如图 5-3-16 所示。

步骤 9：将硒鼓单元和墨粉盒组件装回设备中，如图 5-3-17 所示。

步骤 10：合上前盖。

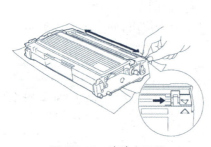
图 5-3-16　清洁电晕丝

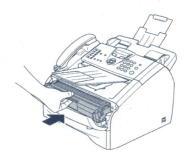
图 5-3-17　装回组件

［知识链接］

传真机日常维护介绍

1. 清洁传真机打印部分

清洁传真机通常使用中性清洁剂，切勿使用诸如稀释剂或苯之类的挥发性液体（含有氨水的清洁材料或异丙醇）清洁，否则会损坏设备表面，可能使面板破裂。

步骤 1：将纸盒从设备中完全抽出，如图 5-3-18 所示。

步骤 2：使用柔软的抹布擦拭设备外部，掸去灰尘，如图 5-3-19 所示。

图 5-3-18　完全抽出纸盒

图 5-3-19　擦拭设备外部

步骤 3：取走纸盒中的纸张。

步骤4：使用柔软的抹布擦拭纸盒内外部,掸去灰尘,如图 5-3-20 所示。
步骤5：重新装入纸张,将纸盒牢固地放回设备中,如图 5-3-21 所示。

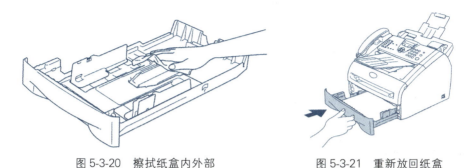

图 5-3-20　擦拭纸盒内外部　　　　图 5-3-21　重新放回纸盒

2. 清洁传真机扫描部分

步骤1：关闭设备电源开关。
步骤2：抬起控制面板前盖。
步骤3：用柔软的蘸有异丙醇的无绒抹布清洁扫描仪的玻璃盖板和白条,如图 5-3-22 所示。

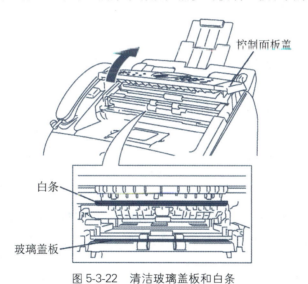

图 5-3-22　清洁玻璃盖板和白条

步骤4：合上控制面板盖。

3. 清洁传真机激光扫描窗口

清洁传真机激光扫描窗口使用干燥的无绒抹布即可,勿使用异丙醇清洁激光扫描仪窗口,也勿用手指触摸激光扫描仪窗口。同时注意设备内部的一些部件的高温和电极。
步骤1：清洁设备内部前,请关闭设备电源开关。先拔下电话卷线,然后将电源线从电源插座中拔出。
步骤2：打开前盖,取出硒鼓单元和墨粉盒组件。
步骤3：用一块干燥的无绒抹布擦拭扫描仪窗口,如图 5-3-23 所示。
步骤4：将硒鼓单元和墨粉盒组件装回设备中。

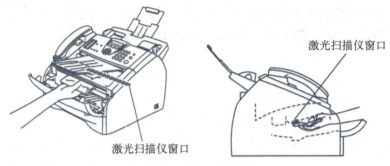

图 5-3-23　擦拭扫描仪窗口

步骤 5：合上前盖。

步骤 6：先将设备电源线插入电源插头,然后插上电话卷线,打开设备电源开关。

4. 清洁硒鼓单元

灰尘、纸屑、胶水等可能粘到感光鼓（OPC）的表面,造成打印的原稿上出现黑色或白色斑点,如图 5-3-24 所示。复印几张白色空白纸,如果打印出的原稿上仍然有斑点,就需要清洁硒鼓单元。

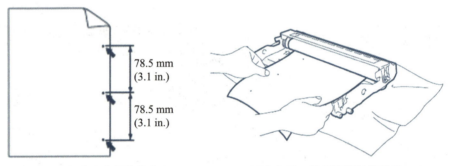

图 5-3-24　原稿上有规律的斑点　　　　图 5-3-25　找出图像缺陷位置

步骤 1：取下硒鼓单元和墨粉盒组件,然后从硒鼓上取下墨粉盒。

步骤 2：将打印样例放在硒鼓单元的前面,这样就可以找出图像缺陷的具体位置,如图 5-3-25 所示。

步骤 3：查看 OPC 鼓表面,同时用手转动硒鼓单元齿轮,如图 5-3-26 所示。

步骤 4：在找到与打印样例匹配的标记后,请用蘸有异丙醇的棉签轻轻擦拭 OPC 鼓表面,如图 5-3-27 所示。

小贴士

请勿用手指触摸 OPC 鼓。

图 5-3-26　查看 OPC 鼓表面

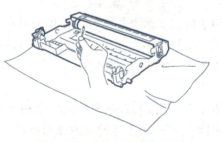

图 5-3-27　擦拭 OPC 鼓表面

小贴士

切勿用力刮擦,因为这样会损坏硒鼓。

切勿使用锋利的物体(如:圆珠笔)清除 OPC 鼓表面上的污渍,因为这样可能对硒鼓造成永久性损坏。

步骤 5:如果打印质量未得到提高,应安装一个新的硒鼓单元。

[拓展训练]

[训练] 排除传真机后部卡纸

步骤 1:打开前盖,如图 5-3-28 所示。

步骤 2:取出硒鼓单元及墨粉盒组件,如图 5-3-29 所示。

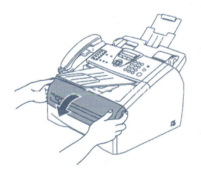   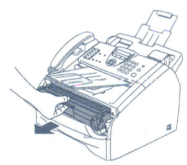

图 5-3-28　打开前盖　　　　　　图 5-3-29　取出硒鼓组件

步骤 3:打开后盖,如图 5-3-30 所示。

步骤 4:将滑块朝身体方向拉出打开后部斜槽盖,如图 5-3-31 所示。

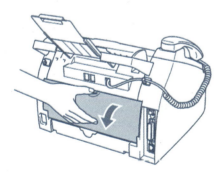   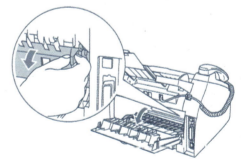

图 5-3-30　打开后盖　　　　　　图 5-3-31　打开后部斜槽盖

步骤 5:将卡纸从热融单元中抽出。如果不能轻松地抽出卡纸,用一只手按下蓝色滑块,另一只手轻轻将卡纸抽出,如图 5-3-32 所示。

步骤 6:合上后盖。

步骤 7:将硒鼓单元和墨粉盒组件装回设备中,如图 5-3-33 所示。

步骤 8:合上前盖。

 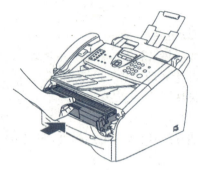

图 5-3-32　卡纸从热融单元中抽出　　图 5-3-33　组件装回设备

[项目评价]

序号	评价项目	评价关键点	学生自评	教师评价	配分
1	传真机的安装与设置	能正确连接电话线			5
		能放置墨盒和纸张			10
		能正确设置时间和ID			10
2	接收和发送传真	能手动发送传真			20
		能设置接收模式			20
3	排除卡纸	能排除原稿传送中的卡纸			5
		能排除打印过程中的卡纸			10
4	更换耗材与维护	能正确更换墨粉盒			10
		能正确清洁传真机			10

项目六　外置存储设备的使用

[项目概述]

随着信息化设备不断普及，信息内容的保存和交换，已成为工作中不可或缺的部分。例如，U盘的小巧易用为现代办公带来了便捷，但是不正确地使用U盘会导致数据丢失。因此了解和正确使用外置存储设备也是办公室人员必须掌握的一项技能。在办公事务中最常用的外置存储设备有光盘、U盘、移动硬盘。

[项目目标]

1. 技能目标

① 能正确使用U盘和移动硬盘。
② 能利用移动硬盘备份和还原数据。
③ 能刻录数据光盘。
④ 能给光盘加"包装"。

2. 知识目标

了解常见的外置存储设备。

任务1　正确使用U盘和移动硬盘

[任务目标]

① 能正确使用、安全退出U盘和移动硬盘。
② 能对移动硬盘进行格式化和分区。
③ 能利用移动硬盘备份和还原数据。

[任务情境]

因工作需要，公司发给小方一个U盘和一个移动硬盘。小方在读书时就用坏过好几个U盘，好在当时U盘没什么重要的资料。可现在是工作，U盘如果在关键时不工作，可是会给公司带来负面影响的。小方决定认真研究U盘和移动硬盘的使用，确保在关键时不掉链子。

[任务解析]

U盘和移动硬盘的使用看似简单,一插一拔,但如果不按正确操作程序插拔,往往会造成损坏。其中的关键是不在U盘和移动硬盘与计算机之间进行数据传输时插拔。对移动硬盘而言,在初次使用时还必须完成格式化和分区,这样才能正常使用。还有,某些移动硬盘产品就在提供传统存储数据的基础上为用户提供了快速备份本地数据的功能。

[实训1] 正确使用、安全退出U盘

步骤1:插入U盘。在电脑主机上找到USB接口,USB接口一般在主机机箱前面,然后直接插入U盘。插U盘的时候要看清USB口的方向,不要插错方向,插入电脑的时候不要太用力,这样会损伤USB口。

步骤2:安装新硬件。U盘首次插到该电脑主机的USB接口后,电脑系统会提示"**发现新硬件**",并安装设备驱动程序,如图6-1-1所示。然后电脑会自动安装新硬件,过一会儿会跳出提示"**设备准备就绪**",如图6-1-2所示。

> **小贴士**
> 安装好U盘驱动后,在电脑任务栏的右下角会看到一个USB设备小图标。

图6-1-1 发现新硬件

图6-1-2 设备准备就绪

步骤3:使用U盘。打开"我的电脑",会看到在本地磁盘后多出来一个磁盘,叫"可移动磁盘"。直接双击这个磁盘图标就可以打开U盘了。接下来,就可以像平时使用电脑一样,在U盘上保存、删除文件,如图6-1-3所示。

> **小贴士**
> 建议不要贪快而用采用剪切的方式,而要尽量采用复制,以避免因写入失败或中断而引起数据丢失。

图6-1-3 "可移动磁盘"图标

步骤4:安全退出,这是最重要的一步。首先要确认U盘是否在使用,如果直接拔下正在使用的U盘,就会导致数据的丢失。

① 先关掉所有与U盘相关的文件、文件夹。

② 当要拔出U盘的时候,先找到U盘硬件然后点击鼠标右键或者双击屏幕右下角的"**安全删除硬件**"图标,如图6-1-4所示。在弹出的对话框中选择要停止的U盘,如图6-1-5所

> **小贴士**
> 现在很多U盘都有LED指示灯,指示灯的明暗、闪烁等都反映了U盘不同的状态。当指示灯闪烁的时候最好不要拔出U盘,强行拔出会造成U盘损坏和文件丢失。

示。当出现"设备现在可安全地从计算机移除"后,才可安全拔下 U 盘,如图 6-1-6 所示。

图 6-1-4　"安全删除硬件"图标　　　图 6-1-5　选择要停止的 U 盘

图 6-1-6　设备现在可安全地从计算机移除

[实训 2] 正确使用、安全退出移动硬盘

步骤 1:将移动硬盘与电脑的 USB 接口相连接,移动硬盘面板上的电源指示灯亮起。此时打开**"我的电脑"**会发现一个或几个新增加的本地硬盘盘符。通常来说,移动硬盘的盘符为当前系统中最后的一个或几个盘符,如图 6-1-7 所示。

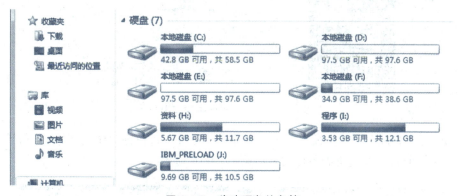

图 6-1-7　移动硬盘的盘符

步骤 2:然后就可以在移动硬盘上进行拷贝、修改、删除文件等操作。在移动硬盘上读写数据时,移动硬盘面板上的工作状态指示灯会闪烁,当读写完成后工作状态指示灯熄灭。

步骤 3:当操作完成后,打开"安全删除硬件"窗口,选择要停止的移动硬盘,经确认"设备现在可安全地从计算机移除"后再拔除,如图 6-1-8 所示。

小贴士

移动硬盘的分区格式尽可能采用 NTFS 分区文件格式,安全性比较高。

图 6-1-8　删除移动硬盘

[实训 3] 利用移动硬盘备份和还原数据

移动硬盘通常会被我们用来存储数据或是移动数据使用。但随着科技的发展，某些移动硬盘产品在提供传统存储数据的基础上为用户提供了快速备份本地数据、共享备份社交网络数据的功能。例如，Seagate 希捷就全新推出了 Backup Plus 系列移动硬盘产品。

1. 快速备份本地数据

步骤 1：将移动硬盘与电脑的 USB 接口相连接，移动硬盘面板上的电源指示灯亮起。双击电脑桌面上的"Seagate Dashboard"图标，进入 Dashboard 主窗口，如图 6-1-9 所示。

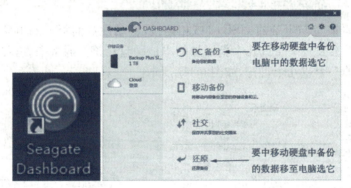

图 6-1-9　进入 Dashboard 主窗口

步骤 2：点击 Dashboard 主窗口中的"PC 备份"，在 PC 备份窗口中选择"新备份计划"。在新计划中选择"个人"，自主所需备份内容，如图 6-1-10 所示。

图 6-1-10　在新计划中选择"个人"

步骤3:在电脑硬盘中选择要备份的内容,点击窗口中的 ☑ 进行备份,如图 6-1-11 所示。

图 6-1-11　点击窗口中的 ☑ 进行备份

2. 快速还原本地数据

步骤1:将移动硬盘与电脑的 USB 接口相连接,进入 Dashboard 主窗口。

步骤2:点击 Dashboard 主窗口中的"还原",如图 6-1-9 所示。

步骤3:在还原窗口中选择移动硬盘中备份的数据中需要还原的部分,点击 ☑ 进入下一步,如图 6-1-12 所示。

图 6-1-12　需要还原的部分数据

图 6-1-13　还原的位置选择

步骤4:选择数据还原在电脑硬盘中的位置,还原的位置不一定是原来的磁盘。点击 ☑ 进行还原,如图 6-1-13 所示。

步骤5:等待还原完成,如图 6-1-14 所示。

图 6-1-14　等待还原完成

[知识链接]

一、移动存储的类别及简介

1. 移动硬盘

移动硬盘是一种采用硬盘工作方式的移动存储设备,如图6-1-15所示。它使用可高速旋转的盘片作为存储介质,在工作时使用USB接口进行供电并传输数据,USB高速接口传输速率高达480Mbps,这使其具有容量大、读写速度快、数据可以长时间保存、无须指定的特别保存环境即可让宝贵数据安全存储、支持热插拔等优点。目前常见的移动硬盘存储容量有160 GB、320 GB、500 GB和1 TB等。

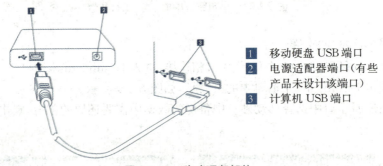

1 移动硬盘USB端口
2 电源适配器端口(有些产品未设计该端口)
3 计算机USB端口

图6-1-15 移动硬盘部件

移动硬盘最怕震动和摔碰。一旦摔碰,损坏的是硬盘的内部结构,造成普通软件无法处理的不可逆转的物理性损伤。

2. U盘

U盘,全称"USB闪存盘"。它是一个USB接口的无需物理驱动器的微型高容量移动存储产品,可以通过USB接口与电脑以及带有U盘读取功能的音响、视频播放设备连接,实现即插即用,如图6-1-16所示。

图6-1-16 各类U盘

U盘的最大优点是:小巧便于携带、存储容量大、价格便宜、性能可靠。缺点是:由于flash芯片擦写次数是有限制的,会导致超过次数的U盘可靠性大幅度下降。

3. 储存卡

存储卡主要用于便携式计算机、手机、数码相机和其他数码产品上,一般是卡片的形态,故统称为"存储卡"。存储卡具有体积小巧、携带方便、使用简单的优点。由于大多数存储卡都具有良好的兼容性,因此便于在不同的数码产品之间交换数据。近年来,随着数码产品的不断发展,存储卡的存储容量不断得到提升,应用也快速普及。存储卡的类型很多,主要有 CF 卡、MMC 卡、SD 卡、记忆棒、XD 卡、SM 卡等。不同类型的存储卡在不同设备上是不能通用的,在购买和使用时一定要注意,如图 6-1-17 所示。

图 6-1-17　各种储存卡

4. 光盘

高密度光盘是近代发展起来不同于磁性载体的光学存储介质,用聚焦的氢离子激光束处理记录介质的方法存储和再生信息,又称激光光盘。由于软盘的容量太小,光盘凭借大容量得以广泛使用。我们听的 CD 是一种光盘,看的 VCD、DVD 也是一种光盘。CD 光盘的最大容量大约是 700 MB,DVD 盘片单面 4.7 GB,最多能刻录约 4.59 G 的数据,而蓝光光盘的一个最大优势是容量大,单面单层的就高达 23.3 GB/25 GB/27 GB,如图 6-1-18 所示。

　　CD 光盘　　　　　　DVD 光盘　　　　　　蓝光光盘

图 6-1-18　各类光盘

事实上,CD-R/CD-RW 已经成为一种价廉通用的桌面系统文件交换的工具。

二、移动硬盘常见问题

1. 按步骤正常安装联想移动硬盘后,系统还不能识别联想移动硬盘

① 检查联想移动硬盘连接 USB 接口处是否太松。

② 可能是计算机 USB 接口供电不足(如:硬盘有轻微连续的"咔咔"声),可购买 5 V/1 A 的电源适配器进行连接。

③ 检查 BIOS 里面的 USB controller 选项,确认该选项为 Enable,具体设置请参见主板 BIOS 说明书。

④ 检查 USB 系统安装是否正确。

2. 移动硬盘指示灯表示的含义

电源指示灯常亮:电源接通;数据传输指示灯闪烁或常亮:硬盘正处于"读写"状态。

3. 当指示灯闪烁时,是否可以拔出移动硬盘

当指示灯闪烁时表示电脑正在对移动硬盘进行操作,拔出会使移动硬盘内数据丢失或电脑蓝屏甚至损坏。

4. 有时移动硬盘接到电脑会出现"高速USB装置接到了非高速USB集线器"提示

这是因为所用的移动硬盘是USB 2.0规格,但计算机的USB接口却是1.1,接到电脑就会出现这样的信息,基本上只会把USB2.0的速度降为USB1.1来使用,其他并不会有什么问题。

5. 移动硬盘拷入文件时,电脑显示拷贝完毕,拔下移动硬盘会显示文件尚未拷入信息

操作系统对于磁盘读写均开辟很大内存来缓存数据,因此操作系统进度条显示数据传输完毕,并不一定表示真正完成了数据写入移动硬盘,用户需注意移动硬盘的指示灯,若闪烁,不能拔下移动硬盘;若在一段时间内(一般为2秒)不闪烁,方可拔下移动硬盘。

6. 计算机显示的容量同硬盘规格有差异

硬盘厂商在标注硬盘存储容量时,是以十进制为基础计算的,这时硬盘的容量单位:

1 MB = 1000×1000 字节 = 100 万字节(十进制);

1 GB = 1000×1000×1000 字节 = 10 亿字节(十进制);

1 TB = 1000×1000×1000×1000 字节 = 10000 亿字节(十进制)。

计算机内部是以二进制为基础计算的,为了换算方便,分别采用类似的 KB、MB、GB、TB 为计量单位,此时:

1 KB = 1024 字节;

1 MB = 1024×1024 字节 = 1048576 字节,约等于 1.05 MB(十进制);

1 GB = 1024×1024×1024 字节 = 1073741824 字节,约等于 1.07 GB(十进制);

1 TB = 1024×1024×1024×1024 字节 = 1099511627776 字节,约等于 1.1TB(十进制)。

由于上述计算方法上的差异,导致产品标称的硬盘容量与计算机内部显示的硬盘容量有差别。例如标称 40 GB(十进制)容量的硬盘,换算成计算机内部表示时,大约是 37.25 GB(二进制)。

由于计算方法上的差异、存储介质特性及文件格式管理需要,也会占用一定的存储空间,这样会导致产品的实际使用容量比硬盘规格容量少。

[拓展训练]

[训练] 对移动硬盘进行分区和格式化

一般情况下,移动硬盘在购买之后,只存在一个磁盘分区,这样不便于用户有条理地对数

据进行管理。因此,在使用之前要对新的移动硬盘进行分区和格式化。下面以希捷 seagate1TB 移动硬盘为例,在 WIN7 系统环境下进行分区操作。

步骤 1:将移动硬盘用数据线与计算机相连。

步骤 2:在"我的电脑"上单击鼠标右键,在下拉菜单中选中"管理",进入计算机管理程序,如图 6-1-19 所示。

图 6-1-19 选中"管理"

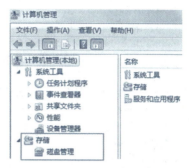
图 6-1-20 选中磁盘管理

步骤 3:在左面的选项卡中找到"存储",展开后看到"磁盘管理",选中,如图 6-1-20 所示。此时出现当前计算机所管理的所有磁盘状态信息,如图 6-1-21 所示。

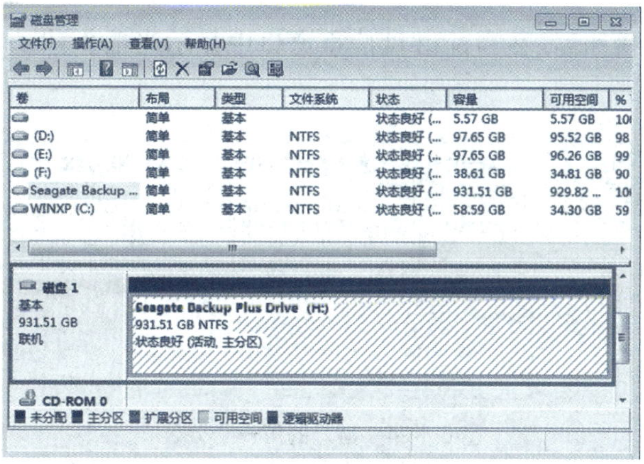

图 6-1-21 磁盘管理窗口

步骤 4:在窗口中,"磁盘 1"就是 1 TB 的希捷移动硬盘,由于计算方法不同,显示的磁盘大小为 931.51 GB。根据需要,要将该移动硬盘分为四个磁盘分区,分别为 250 GB/250 GB/240 GB/230 GB。在(H:)区域上单击鼠标右键,弹出快捷菜单,在菜单中选择"删除卷"菜单项,出现提示窗口,提示用户会造成数据丢失,单击"是(Y)"按钮,出现如图 6-1-22 所示信息,移动硬盘处于"未分配"状态。

步骤 5:在图 6-1-22 的"未分配"区域中,单击鼠标右键,弹出快捷菜单,在菜单中单击"新建简单卷"菜单项,出现"指定卷大小"窗口,将简单卷大小改为"250000 MB"。单击"下一步"按钮,出现"分配驱动器号和路径"窗口。单击"下一步"按钮,出现"格式化分区"窗口,选择分区类型、卷标等内容,通常选择默认。单击"下一步"按钮,再单击"完成"按钮,如图 6-1-23 所示。

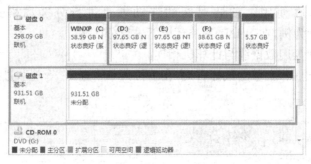

图 6-1-22　磁盘"未分配"状态

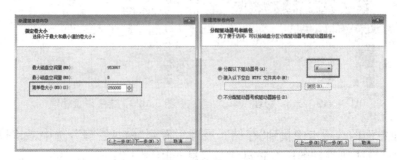

图 6-1-23　新建简单卷向导

步骤 6：完成上述操作后，在当前磁盘信息窗口中显示当前新建的磁盘分区（H：），如图 6-1-24 所示。

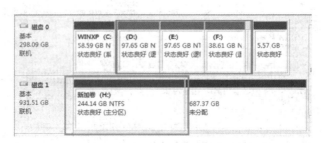

图 6-1-24　建好的第一个分区

步骤 7：下面分配剩余部分。在图 6-1-19 中的"未分配"区域中，单击鼠标右键，在弹出的快捷菜单中单击"新建简单卷"，出现"新建简单卷向导"窗口。单击"下一步"按钮，出现"指定卷大小"窗口，将简单卷大小改为 250000 MB。单击"下一步"按钮，出现"分配驱动器号和路径"，不用修改参数，继续单击"下一步"按钮，出现"格式化分区"窗口，将文件系统选为"NTFS"，继续单击"下一步"，再单击"完成"按钮。以此类推完成四个分区的分配，如图 6-1-25 所示。

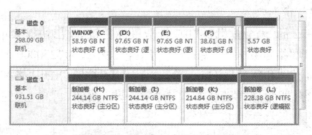

图 6-1-25　完成四个分区的分配

步骤8：完成后，可以在"我的电脑"看到如图6-1-26所示的四个移动硬盘分区。经过上述操作之后，新购买的移动硬盘就可以分成四个盘来使用了。

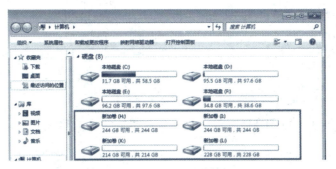

图6-1-26　移动硬盘分成四个盘

任务2　刻录一张数据光盘

[任务目标]

能完成一张数据光盘的刻录。

[任务情境]

公司要把一年内经营活动中的各种资料保存起来。陈主任要求小方把资料刻录到光盘，作为备份和长久保存。小方在毕业时曾经和同学一起为班级毕业留念做过资料光盘，对这个任务可谓驾轻就熟。

[任务解析]

把资料刻录到光盘，就是俗称的数据光盘，是光盘刻录中的一个基本技能，只要熟悉刻录软件，按步骤进行就不难完成。其中的关键几步是检验刻录盘的好坏、添加数据资料、控制刻录速度、添加光盘名称。现在的刻录软件越来越智能化，几步就能完成刻录工作。

[实训] 刻录数据光盘

步骤1：把刻录光盘放进刻录光驱中，待光驱运行后出现图6-2-1对话框，说明刻录盘是好的，可以进行刻录。

步骤2：启动刻录软件（Nero Express），进入刻录界面，如图6-2-2所示。

步骤3：点击"数据刻录"，进入数据刻录界面。可以选择CD刻录还是DVD刻录，如图6-2-3所示。

图 6-2-1　光盘对话框

图 6-2-2　启动刻录软件

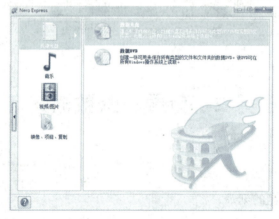
图 6-2-3　选择数据刻录

步骤 4：在数据添加窗口点击"添加"，添加所要刻录到光盘的数据。数据容量不得超过光盘实际容量，如图 6-2-4 所示。

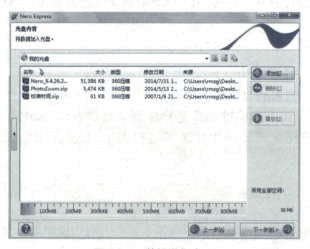
图 6-2-4　数据添加窗口

小贴士

注意刻录内容的量必须小于光盘容量。一般 CD 光盘的最大容量大约是 700 MB，DVD 盘片单面 4.7 GB，最多能刻录约 4.59 G 的数据。

步骤 5：点击"下一步"，进入数据刻录设置。添加刻录光盘名称，更改写入速度和写入方法。如果以后还要在这张光盘上添加数据，则必须勾选"允许以后添加文件"，如图 6-2-5 所示。

项目六 外置存储设备的使用

图 6-2-5　数据刻录设置

步骤 6：点击"刻录"，进行数据刻录，如图 6-2-6 所示。

图 6-2-6　刻录过程

图 6-2-7　刻录成功

步骤 7：待出现"刻录成功"对话框后，刻录好的光盘会从光驱自动弹出，如图 6-2-7 所示。
步骤 8：关闭刻录软件。

[知识链接]

一、刻录盘的种类

刻录盘就是通过刻录机把数据刻录在光盘上的一种数据载体，存放的数据可以是声音、视频、程序等等。一般刻录盘分为以下几种：

- CD-R 一次性可写 CD 光盘。
- CD-RW 多次复写 CD 光盘。
- DVD-R 一次性可写 DVD 光盘。
- DVD-RW 多次复写 DVD 光盘。

另有 DVD+R、DVD+RW、DVD+RDL 是另一标准的刻录盘，意思和上面一样，只是＋号表示标准不同。

CD 光盘的最大容量大约是 700 MB。

DVD 盘片单面最大容量大约是 4.7 GB（实际容量 4.38 G）。

DVD 盘片双面最大容量大约是 8.5 GB（实际容量 8.2 G）。

至于俗称的数据盘、音乐盘都是以上光盘中的一种，之所以分数据、音乐之类是指在刻录时选择在光盘上的不同写入方式,如选"数据格式",家庭的影碟机就可能不能读取,如选"音乐盘",一般各种影碟机都能读,但这种方式会占用光盘很大的空间。

二、常用光盘刻录软件

1. Nero 7 Premium

以 Nero Burning ROM 为核心的 Nero 组件是应用最为广泛的刻录工具软件,由德国公司开发制作。该组件包括了跟光盘刻录相关的几乎所有组件,例如制作数据光盘和进行光盘复制的 Nero Burning ROM、制作音乐和视频光盘的 Nero Express、制作视频影音光盘的 Nero Vision 组件、制作系统备份光盘的 Nero BackItUp 组件等等,可以满足用户的大部分光盘刻录需求。

2. CloneDVD

CloneDVD 是一款功能强大的 DVD 光盘复制软件,能最真实地以 1∶1 的质量标准复制 DVD 光盘。最难能可贵的是,CloneDVD 还能够将加载有保护或加密程序的 DVD 光盘进行原样复制,可见其功能的强劲。另外,与 CloneDVD 出自同一家软件厂商的 CloneCD 则是一款专门用于 CD 光盘复制的软件。

3. Easy DVD CD Burner

Easy DVD CD Burner 也是一款专业的 DVD&CD 刻录软件,用户可以使用该软件轻松刻录高质量的数据 DVD 和 CD 光盘。例如,刻录可启动 DVD 和 CD 光盘、刻录 ISO 镜像文件、刻录和擦除可擦写 DVD 和 CD 光盘等。Easy DVD CD Burner 支持的光盘格式也很广泛,能够刻录 CD-R、CD-RW、DVD+R、DVD+RW、DVD-R、DVD-RW、DVD-RAM 等格式的盘片。

4. Alcohol 120% (酒精)

Alcohol 120%(酒精)是一款光盘映像制作软件和光盘刻录软件合二为一的工具软件,Alcohol 120%能够完整地仿真原始光盘制作光盘映像文件,而且支持多种映像格式的文件。另外,用户还可以使用 Alcohol 120%将映像文件直接刻录到空白 CD/DVD 光盘中,并且支持多光驱条件下的光盘对刻功能。

[拓展训练]

[训练] 利用 WIN7 系统刻录数据光盘

如果电脑安装的是 WIN7 系统,刻录就比较方便了,因为 WIN7 自带了刻录软件。

步骤 1:将空白刻录光盘放进光驱。

步骤 2:在要刻录的文件上单击鼠标右键,发送到刻录光驱,如图 6-2-8 所示。

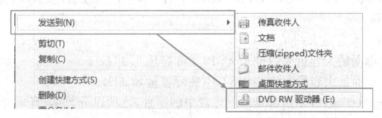

图 6-2-8 发送→刻录光驱

步骤3：打开刻录机盘符，可以看到"准备好写入到光盘中的文件"，核对无误后，点"刻录到光盘"就行了，如图6-2-9所示。

图6-2-9　打开刻录机盘符

步骤4：在随后出现的"刻录到光盘"对话框中，写入光盘标题，设定好刻录速度，点击"下一步"，如图6-2-10所示。

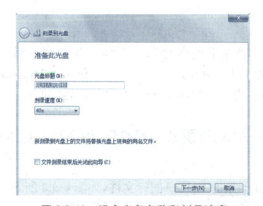 

图6-2-10　设定光盘名称和刻录速度　　　　图6-2-11　等待刻录完毕

步骤5：等待刻录完毕。如图6-2-11所示。

步骤6：刻录完毕后，若要再次刻录一张同样内容的光盘，则勾选"将这些文件刻录到另一张光盘"，点击"完成"结束，如图6-2-12所示。

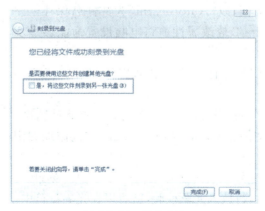

图6-2-12　刻录完毕

任务3　给刻录的光盘加上 LOGO

[任务目标]

① 能给数据光盘加上代表企业形象的 LOGO。
② 能制作简单的光盘封面。

[任务情境]

小方完成了资料光盘的刻录任务,交给陈主任。陈主任查看后,指出,作为公司经营活动中的各种资料,应该在光盘中标示出代表企业的形象的 LOGO。小方想起了当初做毕业留念光盘时,是把学校的 LOGO 加进去的,于是马上进行改进。

[任务解析]

现代企业非常注重自己企业的形象,往往在企业的各种物品上加上代表企业形象的 LOGO,就是学校也是如此。要在数据光盘中加上 LOGO,关键是在光盘中刻录上"Autorun. inf"的文件和代表企业形象的 LOGO 图标文件。要点是"Autorun. inf"文件内容的编写。

[实训] 给数据光盘加上代表企业的形象的 LOGO(以学校 LOGO 为例)

图 6-3-1　LOGO 图标

步骤 1:准备好代表企业形象的 LOGO 图标文件,如图 6-3-1 所示。
步骤 2:新建一个文本文档,在文本文档中输入以下命令:
[autorun]
ICON = abc. ico
其中,"autorun"表示让光驱成功读盘后自动打开光盘;"ICON = abc. ico"表示文件名为"abc. ico"的图标文件为驱动器的图标。

步骤 3:将新建文本文档,以"Autorun. inf"为文件名保存。注意把后缀名".txt"改为".inf",修改属性前将电脑设置为能够显示文件后缀名,如图 6-3-2 所示。

步骤 4:将准备好的 LOGO 图标文件和做好的"Autorun. inf"文件刻录到数据光盘中。

图 6-3-2　后缀名为.inf 文件

① 执行"开始/程序/Nero/Express"命令,进入刻录对话框。将准备好的 LOGO 图标文件和做好的"Autorun. inf"文件添加到刻录内容中,如图 6-3-3 所示。
② 点击"下一步",设定好刻录速度后,点击"刻录"进行刻录。

步骤 5:待刻录完成后,再放入光驱检验,就可以在光驱盘符中出现企业形象的 LOGO,如图 6-3-4 所示。

图 6-3-3　添加图标文件和 .inf 文件

图 6-3-4　光盘运行时显示 LOGO

[知识链接]

一、光盘的存放方式

刻录用的光盘寿命各不相同，多数取决于保存方式。正确保存光盘，能让光盘更长时间地保存数据，不会出现无法使用的尴尬情况。

① 应该采用书立式存放，避免光盘平放以及重叠存放，长期平放会使光盘变形，光盘再读取时会因光盘不平整产生抖动影响读取。

② 光盘存放的环境应该避光，因为紫外线会加速照片光盘原料氧化，影响照片光盘的寿命。

③ 注意防潮（防止光盘起霉点），光盘印刷层会因为潮湿变质，严重时起层、起霉点，破坏了保护层之后反射层与原料层就非常容易氧化而使光盘报废。

④ 注意存放环境避免高温，高温也会加速碟片老化，引起光盘变形，严重时光盘报废。

⑤ 保存的光盘最好半年翻动一下，用光驱检查一下是否能正常读取，如发现读碟不畅，最好及时备份。

二、影响数据保存的其他因素

① 在照片光盘上做记号时，应使用 CD 书写专用笔，避免一些含有溶剂（如：香蕉水）的记号笔对光盘产生腐蚀，破坏数据。最好不要在盘片上面粘贴标签等，这样会影响转动平衡造成

故障或其他问题。

②使用正确的挪放光盘姿势。如果是吸入式光驱,可直接将光盘推入光盘槽(注意,除5寸光盘外,其他规格和尺寸的盘无法使用,会损坏光驱);如果是托盘式光驱,打开光驱后,将光盘中孔对齐光驱中心转轴后按上去,并保证光盘被转轴卡好,即可推入托盘。

③如盘片上有灰尘,应用吹气球或柔软的绒布从盘片中心呈放射状向外擦拭。

三、常见的光盘保护装置

光盘自身特性决定它不能裸露在外界中,需要用一定的保护介质把它装起来。现在市场上常见的产品有:

1. CD 盒

优点:实用,能有效地保护光盘。正版 CD 就是采用这种 CD 盒包装,适合长期保存。

缺点:易碎,数量多了占据存放空间。此外市场中单独出售的便宜 CD 盒往往质量较差,可以明显看出盒体变形不平整,这种产品不能购买;由于光盘最好避光保存,全透明的 CD 盒也不宜选购。

2. CD 保护袋

优点:便宜,使用方便,但需要和塑料薄膜内袋配合使用,避免光盘刮花。

缺点:宜破损,遇到外力时容易对盘片造成损坏,不适合长期保存。

3. CD 包

优点:适合保存经常使用的 CD 光盘,携带方便。

缺点:如果包内光盘过多,拉链合上后容易让内部挤压产生变形,不适合长期保存照片光盘。

4. CD 箱

优点:常见的 CD 箱有透明有机玻璃和铝合金两种,外观都非常漂亮,结实耐用,CD 光盘也不容易受到外力伤害,适合长期保存照片光盘。

缺点:价格贵,携带不方便。

[拓展训练]

[训练] 利用 Nero 制作精美光盘封面

现在什么东西都少不了要包装,刻录好的光盘也不例外。在 Nero 刻录软件中已经内置了一个 Nero Cover Designer(Nero 光盘封面设计器),利用它我们就可以很方便地制作出精美光盘封面和标签来美化我们的光盘。

步骤1:执行"开始/程序/Nero/Nero Cover Designer"命令,如图 6-3-5 所示。

步骤2:在图 6-3-6 的左边选择需要的光盘盒,按"确定"进入光盘封面设计。

图6-3-5 进入光盘封面设计

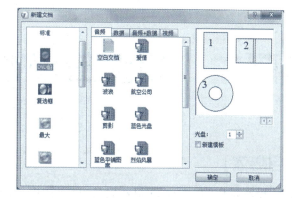

图6-3-6 边选择光盘盒

步骤3：在Nero Cover Designer编辑页中，利用工具栏中的图片和文字等工具编辑光盘封面，如图6-3-7所示。

图6-3-7 编辑光盘封面

步骤4：完成编辑后，就可直接打印输出。

[项目评价]

序号	评价项目	评价关键点	学生自评	教师评价	配分
1	U盘和移动硬盘的使用	能正确插拔U盘和移动硬盘			20
		能说出指示灯的状态			10
		能对移动硬盘进行格式化			10
		能利用移动硬盘备份数据			10
2	光盘刻录	能正确刻录数据光盘			20
		能制作带logo的数据光盘			20
		能制作出简单的光盘封面			10

项目七　投影机的使用与维护

[项目概述]

多媒体投影机作为一种视频显示设备,可以输出亮丽的图像和流畅的动画,将计算机、影碟机、摄(录)像机以及数字相机等设备的全彩色画面同步投影到大屏幕上。投影机在日常的办公事务中应用非常广泛,现在无论是小范围的部门会议,还是上规模的大型会议,投影机正逐步成为其中不可或缺的"角色"之一。

[项目目标]

1. 技能目标

① 能根据产品说明书安置便携式投影机。
② 能操作多媒体投影机。
③ 能够根据故障现象维护与保养投影机。

2. 知识目标

了解投影机的基本结构。

任务1　安置便携式投影机

[任务目标]

① 能完成安置便携式投影机的相关操作。
② 能完成便携式投影机与笔记本电脑的连接。

[任务情境]

公司市场部要去外地参加一个产品展示会,陈主任要求带上公司的便携式投影机,以便于在临时场地展示公司新产品。小方已经有过几次操作设备的经验,这次她主动要求一同前往帮助市场部来安置这台便携式投影机。

[任务解析]

完成便携式投影机的安置,首先要搞清楚投影屏幕与投影机放置距离的关系;其次要完成便携式投影机与笔记本电脑的连接。这就要求我们认真研究投影机的使用操作手册，一般操作手册上都有清晰的操作指示图例。我们只要按图指示，一步步认真做，就可顺利完成任务。

[实训1] 便携式投影机的放置(明基 MX520)

步骤1：选择安装方式。由于展示会场地是临时性的，一般都采用桌上正投的方式，方便快捷，如图7-1-1所示。

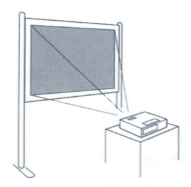

图 7-1-1　投影机桌上正投

步骤2：固定机位。外出办公，携带100英寸的屏幕比较合适。对照说明书中的所投尺寸与距离的对应表，将投影机安置在距离屏幕4200毫米的位置，垂直偏移值为229毫米，如图7-1-2所示。

屏幕尺寸				到屏幕的距离（毫米）			垂直偏移（毫米）
对角线		W(毫米)	H(毫米)	最小长度	平均值	最大长度	
英寸	毫米			（最大缩放）		（最小缩放）	
30	762	610	457	1200	1260	1320	69
40	1016	813	610	1600	1680	1760	91
50	1270	1016	762	2000	2100	2200	114
60	1524	1219	914	2400	2420	2640	137
80	2032	1626	1219	3200	3360	3520	183
100	2540	2032	1524	4000	4200	4400	229
120	3048	2438	1829	4800	5040	5280	274
150	3810	3048	2286	6000	6300	6600	343
200	5080	4064	3048	8000	8400	8800	457
220	5588	4470	3353	8800	9240	9680	503
250	6350	5080	3810	10000	10500	11000	572
300	7620	6096	4572	12000	12600	13200	686

图 7-1-2　投影尺寸与距离的对应表

在标有"屏幕尺寸"的左栏内找到屏幕尺寸最佳匹配值。使用该值,从此行往右查看,在标有"平均值"的栏内可找到与屏幕对应的平均距离。这就是投影距离。

在同一行中再往右查看,然后标注"垂直偏移(毫米)"值。这将决定相对于屏幕边缘最终垂直偏移值的投影机放置位置,如图 7-1-3 所示。

> **小贴士**
>
> 投影机应该始终置于水平位置(如:平置于桌面上),并与屏幕的水平中心垂直(90 度直角方向)。这样可防止因投影角度(或投影到有角度的表面上)而产生的图像扭曲。

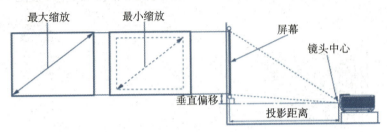

图 7-1-3 "垂直偏移"值

[实训 2] 投影机连接笔记本电脑

步骤 1:进行任何连接前关闭所有设备。

步骤 2:使用 VGA 视频线,将其中的一端连接到笔记本计算机的 D-Sub 输出插孔,如图 7-1-4 所示。然后将 VGA 线的另一端连接到投影机的 Computer1 或 Computer2 信号输入插孔,如图 7-1-5 所示。

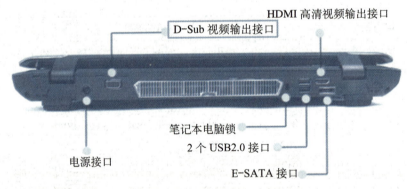

图 7-1-4 笔记本的 D-Sub 插孔

图 7-1-5 投影机的 Computer 1、2 插口与 VGA 线

步骤3:打开笔记本电脑和投影机。

步骤4:假如投影没显示,按切换键。Fn+功能键 F1～F10 中的一键(LCD/CRT,或者是个小电视的图标),三次切换可分别设置。笔记本独显、笔记本+投影机双屏显示、投影独显三种模式,如图 7-1-6 所示。

图 7-1-6　Fn+功能键

步骤5:如果要在演示过程中使用投影机(混合单声道)的扬声器,可将合适的音频线一端连接到计算机的音频输出插孔,另一端连接到投影机的 AUDIO 插口。

[知识链接]

一、明基投影机各部件的名称和基本功能(如图 7-1-7、图 7-1-8 所示)

① 外部控制面板;
② 灯罩;
③ 通风口(热空气出口);
④ 快速装拆按钮;
⑤ 镜头盖;
⑥ 调焦圈和缩放圈;
⑦ 通风口(冷空气入口);
⑧ 扬声器格栅;
⑨ 前红外线遥控传感器;
⑩ 投影镜头;
⑪ RS232 控制端口;
⑫ USB 端口;
⑬ HDMI 输入端口;
⑭ RGB 信号输出插口;
⑮ RGB(PC)/分量视频、(YpbPr/YCbCr)信号输入插口;
⑯ S-视频输入插口、视频输入插口;
⑰ 音频(左/右)输入插口;
⑱ 音频输入插口;
⑲ 音频输出插口;

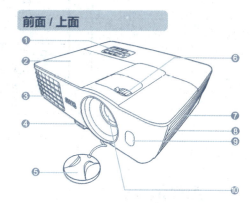

图 7-1-7　投影机前面图

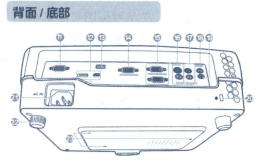

图 7-1-8　投影机背面图

⑳ Kensington 防盗锁孔；
㉑ AC 电源插口；
㉒ 后调节支脚；
㉓ 吊装孔。

二、投影机与相关设备连接（如图 7-1-9 所示）

当连接信号源至投影机时，须确认：
① 进行连接前先关闭所有设备。
② 为每个信号来源使用正确的信号线缆。
③ 确保线缆牢固插接。

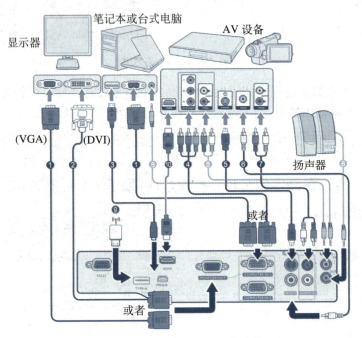

图 7-1-9　投影机与相关设备连接

[拓展训练]

[训练]　熟悉投影机控制按钮和功能(明基 MX520，如图 7-1-10 所示)
① 调焦圈。调节投影图像的焦距。
② 缩放圈。调节投影图像的大小。
③ LAMP(灯泡)指示灯。显示灯泡的状态，当指示灯亮起或闪烁时，表示灯泡有问题。
④ MENU/EXIT。打开屏显(OSD)菜单/返回之前的屏显菜单，退出并保存菜单设置。
⑤ ◄左/🔊。减小投影机音量。
⑥ MODE/ENTER。选择可用图像设置模式/激活所选屏显(OSD)菜单项。
⑦ ECO BLANK。用于隐藏屏幕图像。
⑧ TEMP(温度)警告灯。如果投影机温度太高，指示灯会亮红色。

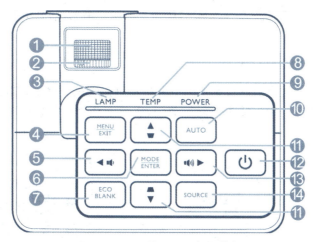

图 7-1-10　明基 MX520 控制按钮

⑨ POWER（电源指示灯）。投影机操作时，指示灯会亮起或闪烁。

⑩ AUTO。自动为所显示的图像确定最佳图像计时。

⑪ 梯形失真校正/箭头键（▱/▲ 上，▱/▼ 下）。手动校正因投影角度而产生的变形图像。

⑫ ⏻ 电源。可让投影机在待机和开启模式之间进行切换。

⑬ ▶右/🔊。增大投影机音量。当屏显（OSD）菜单被激活时，♯5、♯11 和 ♯13 键可用作方向箭头来选择所需的菜单项和进行调整。

⑭ SOURCE。显示信号源选择条。

任务 2　用投影机展示课件

[任务目标]

① 能正确开启和关闭投影机。
② 会调整投影机影像。

[任务情境]

产品展示会如期召开了，公司在产品展示过程中要用到 PPT 课件，此时小方安置的这台便携式投影机就派上了用场。可是在展示课件的过程中还是遇到一些问题，好在小方运用学过的技能都解决了。

[任务解析]

便携式投影机的使用，首先要搞清楚投影机开机、关机的操作，防止操作不当损坏投影机。其次要解决投影角度、图像大小和清晰度、校正梯形失真等问题。如此，才可顺利完成 PPT 课件的投影播放。以下我们以明基 MX520 投影机为例来讲解具体操作。

[实训 1] 启动投影机

步骤 1：接通电源。注意观察投影机的电源指示灯是否呈亮橙色，如图 7-2-1 所示。

步骤 2：取下镜头盖。如果镜头盖保持关闭，它可能会因为投影灯泡产生的热量而变形，如图 7-2-2 所示。

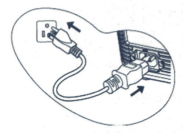 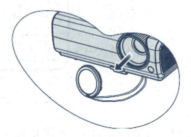

图 7-2-1　接通电源　　　　　图 7-2-2　取下镜头盖

步骤 3：按下投影机或遥控器上的电源开关，此时电源指示灯会先闪绿灯，然后常亮绿灯，如图 7-2-3 所示。

图 7-2-3　电源开关

步骤 4：开启连接投影机的计算机。

步骤 5：投影机开始搜索输入信号，直至检测到输入信号。如果投影机未检测到有效信号，屏幕上将一直显示"**无信号**"，直至检测到输入信号。还可按投影机或遥控器上的 SOURCE 选择所需的输入信号。

[实训 2] 关闭投影机

投影机使用结束后，要先按软开关 Power 键来关闭投影机，然后等待 3 至 5 分钟的散热时间。当风扇停止转动后，再关闭硬开关 Switch 键。

步骤 1：按（⏻）POWER，屏幕上将显示确认提示信息。如果未在数秒钟内响应，该信息会消失。

步骤 2：再按一次 ⏻ POWER。POWER（电源指示灯）闪橙色，然后投影机灯泡熄灭，风扇则会继续运转大约 90 秒以冷却投影机。

小贴士

为保护灯泡，在冷却过程中，投影机不会响应任何命令。

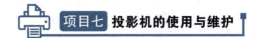

步骤3：冷却过程完成后，POWER（电源指示灯）将常亮橙色灯，风扇也将停止，如图 7-2-4 所示。

步骤4：长时间不使用投影机时，从电源插座上拔掉电源线。

橙色	待机模式
绿色闪烁	打开电源
绿色	正常工作
橙色闪烁	1. 由于投影机非正常关闭而无正常的冷却过程，因此它需要 90 秒钟进行冷却。 2. 电源关闭后，投影机需要 90 秒钟进行冷却。 3. 投影机已自动关闭。如果尝试重新启动投影机，它将再次关闭。可与经销商联系以获取帮助

如果投影机未正确关闭，为保护灯泡，当我们试图重启投影机时，风扇将运行数分钟以进行冷却。风扇停止转动且 POWER 亮橙色灯后，再次按下 POWER（电源指示灯）启动投影机。

图 7-2-4 电源指示灯状态示意图

[实训 3] 调节投影图像

步骤1：调节投影角度。投影机配备有一个快速装拆调节支脚和一个后调节支脚。这些调节支脚可以调节图像的高度和投影角度，如图 7-2-5 所示。

图 7-2-5 调节投影角度

① 按快速装拆按钮并将投影机的前部抬高。一旦图像调整好之后，释放快速装拆按钮，将支脚锁定到位。

② 旋转后调节支脚，对水平角度进行微调。要收回支脚时，抬起投影机并按下快速装拆按钮，然后慢慢向下压投影机，反方向旋转后调节支脚。

步骤2：自动调整图像。按投影机或遥控器上的 AUTO 键。在 3 秒内，内置的智能自动调整功能将重新调整频率和脉冲的值以提供最佳图像质量，如图 7-2-6 所示。

步骤3：微调图像大小和清晰度。

① 使用变焦环将投影图像调整至所需的尺寸，如图 7-2-7 所示。

② 旋动调焦圈以使图像聚焦，如图 7-2-8 所示。

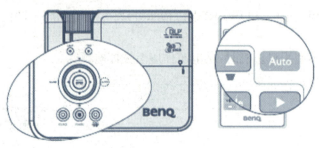

图 7-2-6　AUTO 键

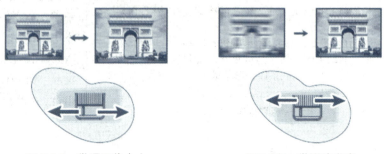

图 7-2-7　微调图像大小　　　　图 7-2-8　微调清晰度

步骤 4：校正梯形失真。梯形失真是指投影图像的顶部或底部明显偏宽的情况。如果投影机与屏幕之间不垂直，则会发生这种情况。

要校正此类情况，除调节投影机高度外，还需按以下步骤，进行手动校正。

① 使用遥控器校正。按投影机或遥控器上的 ▽/△ 显示梯形失真校正页面。按 △ 校正图像顶部的梯形失真，按 ▽ 校正图像底部的梯形失真，如图 7-2-9 所示。

② 使用屏显菜单校正，如图 7-2-10 所示。

a. 按 Menu/Exit，然后按 ◀/▶ 直到选中显示菜单。

b. 按 ▼ 选中"梯形失真校正"，然后按 Mode/Enter，显示"梯形失真校正"校正页面。

c. 按 △ 校正图像顶端的梯形失真或按 ▽ 校正图像底端的梯形失真。

图 7-2-9　使用遥控器校正　　　　图 7-2-10　使用屏显菜单校正

[知识链接]

一、投影机使用常见问题的解决办法

1. 投影机连接笔记本电脑后无输出影像

笔记本电脑外接显示设备时，通常有三种显示输出控制。

① 笔记本液晶屏亮，外接显示设备亮。
② 笔记本液晶屏亮，外接显示设备不亮。
③ 笔记本液晶屏不亮，外接显示设备亮。

只需按下笔记本电脑键盘功能键进行切换即可。下面列举一些常见笔记本电脑的 Fn+功能键：TOSHIBA(Fn+F5)、IBM(Fn+F7)、Compaq(Fn+F4)、Gateway(Fn+F3)、NEC(Fn+F3)、Panasonic(Fn+F3)、Fujitsu(Fn+F10)、DEC(Fn+F4)、Sharp(Fn+F5)、Hitachi(Fn+F7)、Dell(Fn+F8)。

2. 投影机输出图像不稳定，有条纹波动

投影机电源信号与信号源电源信号不共地。可将投影机与信号源设备电源线插头插在同一电源接线板上。

3. 购买时投影效果不错，回来使用发现效果很差

这种情况很多时候不是机器的问题，输入源信号信噪比不理想、投影屏幕质量太差都会直接影响投影画面。应注意信号源选择。咨询买方，选择与购买机器相配的屏幕。

4. 投影图像重影

大部分的情况是由于连接电缆性能不良所致，此时应更换信号线(注意与设备接口的匹配问题)。

5. 投影机使用一段时间后，投影画面出现不规则的斑点

投影机使用较长时间后，机壳内会吸入灰尘，表现为投影画面出现不规则的(一般为红色)斑点。为保证机器正常运行，需由专业人员定期对机器进行清洗、吸尘，斑点会消失。

6. 投影机使用中，突然自动断电，过一会儿开机又恢复

一般是由于机器使用中过热造成的现象，机器过热启动了投影机中热保护电路，造成断电。为了使投影机正常工作，防止机器升温过高，使用中注意切勿堵塞或遮盖投影机背部和底部的散热通风孔。

7. 投影图像出现显示为竖线、不规则曲线

调整图像的亮度。检查投影机的镜头，看镜头是否需要清洁。调整投影机上的同步和跟踪设置。

二、投影机使用应该注意的问题

① 尽量使用投影机原装电缆、电线。
② 投影机使用时要远离水或潮湿的地方。
③ 注意防尘，可在咨询专业人员后采取防尘、除尘措施。
④ 投影机使用中需远离热源。
⑤ 注意电源电压的标称值、机器的地线和电源极性。

⑥ 用户不可自行维修和打开机体，内部电缆零件更换尽量使用原配件。
⑦ 投影机不使用时，必须切断电源。
⑧ 投影机使用时，如发现异常情况，先拔掉电源。
⑨ 注意使用后，先使投影机冷却，然后拔掉电源。
⑩ 机器的移动要十分小心，应轻拿轻放，运输时注意包装、防震。

[拓展训练]

[训练] 使用 OSD 菜单进行投影设置

一般投影机配有屏显(OSD)菜单功能，用于进行各种调节和设置。下面的屏显菜单屏幕截图仅供参考，可能与实际设计有所不同，如图 7-2-11 所示。

图 7-2-11 （OSD)菜单

步骤 1：按投影机或遥控器上的 MENU/EXIT 键打开屏显菜单，如图 7-2-12 所示。
步骤 2：用◀/▶选择"系统设置：基本"菜单，如图 7-2-13 所示。

图 7-2-12 屏显菜单

图 7-2-13 基本菜单

步骤 3：按▼选择语言，然后按 MODE/ENTER。
步骤 4：按▲/▼/◀/▶可选择首选语言，如图 7-2-14 所示。
步骤 5：按投影机或遥控器上的 MENU/EXIT 两次可退出并保存设置。第一次按将返回主菜单，第二次按可关闭屏显(OSD)菜单。

项目七 投影机的使用与维护

图 7-2-14　选择首选语言

任务 3　投影机的日常维护

[任务目标]

① 能根据指示灯更换投影机耗材。
② 能正确清洁投影机。

[任务情境]

公司的一台投影机在使用一段时间后遇到一些问题,有一次在使用过程中灯泡忽然闪烁不止,投影机也不工作了。小方急忙打电话给投影机厂商,厂商告诉小方,这种情况通常是机器过热或者灯泡寿命到了引起的,可以看操作手册自己排除。

[任务解析]

投影机的故障首先会在控制面板的三个指示灯上显示出来。要搞清楚投影机故障的地方,必须了解指示灯所表示的故障缘由。其次要严格按手册上的操作步骤执行。投影机耗材的更换主要是换灯泡;清洁投影机主要是清洁投影机的通风口,防止过热影响投影机的正常使用。下面我们以 EPSON EB-D290 投影机为例,讲解投影机的维护工作。

[实训 1]　更换灯泡

当投影机使用过程中出现下列情况时,表明应当更换灯泡了。如果灯泡过了更换周期后仍继续使用,碎裂的可能性会增大。出现灯泡更换消息时,即使灯泡仍能工作,也请尽快更换新的灯泡。

① 屏幕显示消息"更换灯泡",如图 7-3-1 所示。
② 控制面板上灯泡指示灯闪烁橙色,如图 7-3-2 所示。
③ 投影的图像变暗或开始失真。

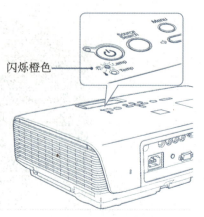

图 7-3-1　显示"更换灯泡"　　　　图 7-3-2　灯泡指示灯闪烁橙色

步骤1：关闭投影机的电源，并且确认蜂鸣器嘟嘟地响了两次后，断开电源线。

步骤2：打开灯泡盖之前，先等待片刻，直到灯泡冷却。使用新灯泡随附的螺丝刀松开灯泡盖固定螺丝。然后将灯泡盖直接向前滑动，并提起，从而将其打开，如图7-3-3所示。

> **小贴士**
>
> 更换灯泡时，由于灯泡已经停止照明，因此有可能破碎。打开灯泡盖之前，应等待片刻，直到灯泡充分冷却。如果灯泡仍是热的，可能造成灼伤或其他人身伤害。关闭电源后，大约需要1小时灯泡才能充分冷却。

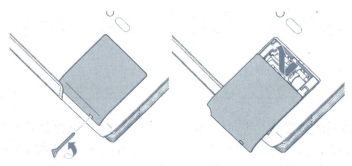

图 7-3-3　打开灯泡盖

步骤3：松开两颗灯泡固定螺丝，如图7-3-4所示。
步骤4：拉出旧灯泡，如图7-3-5所示。

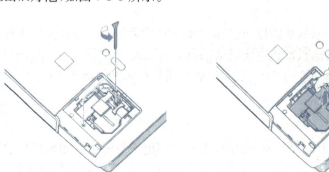

图 7-3-4　松开固定螺丝　　　　图 7-3-5　拉出旧灯泡

步骤5：装上新的灯泡。以正确方向沿导轨插入新灯泡，使其安装到适当位置，并在标有"PUSH"的区域用力向下压，一旦全部插入，就拧紧两颗螺丝，如图7-3-6所示。

项目七 投影机的使用与维护

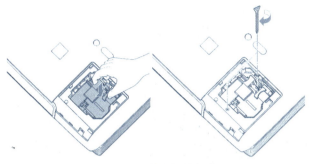

图 7-3-6 装上新的灯泡

确保牢固地安装灯泡。为安全起见,一旦拆下灯泡盖,灯泡就会自动熄灭。如果灯泡或灯泡盖安装不正确,则灯泡电源无法接通。

步骤6:重新盖上灯泡盖,如图 7-3-7 所示。

步骤7:重设灯泡工作时间。投影机记录灯泡接通时间,当需要更换灯泡时,便以消息和指示灯通知。更换灯泡后,确保在配置菜单中重设灯时,清除累积的使用时间,并将它返回到"OH",如图 7-3-8 所示。

只能更换灯泡之后重设灯泡工作时间,否则无法正确显示灯泡的更换期。

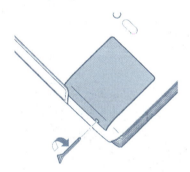

图 7-3-7 重新盖上灯泡盖

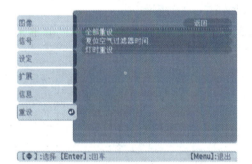

图 7-3-8 重设灯泡工作时间

[实训 2] 清洁空气过滤器和进风口

当显示"清洁或更换空气过滤器"消息时,就需要清洁空气过滤器和进风口。

① 投影机过热。不要在通风孔处放置任何东西。经常清理或更换空气过滤网。

② 需要清洁空气过滤器。此时如果不清洁或更换空气滤网,会导致操作问题并缩短光学引擎的使用寿命。当显示该消息时,请立即清洁空气过滤器。

空气过滤器不可拿来清洗,切勿使用任何洗涤剂或溶液。

要清洁过滤器,应使用软性长毛刷轻轻除掉脏物。如果用力过大,将使灰尘进入空气过滤器,导致无法清除。

步骤1：拔掉电源线。
步骤2：压住空气过滤器盖的锁扣，翻下盖子，如图7-3-9所示。

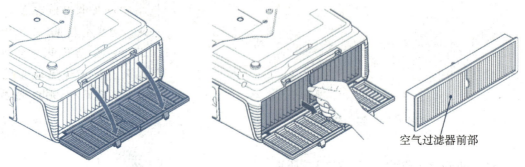

空气过滤器前部

图7-3-9　打开过滤器盖子　　　图7-3-10　卸下空气过滤器

步骤3：捏住空气过滤器中央的标签片，然后直接拉出过滤器，如图7-3-10所示。
步骤4：将空气过滤器前部朝下，然后在桌上快速扣打四五下，以震掉灰尘。将过滤器转过来，重复此过程，以除掉另一侧的灰尘，如图7-3-11所示。
步骤5：使用真空吸尘器吸除空气过滤器前部的残留灰尘，如图7-3-12所示。

> **小贴士**
> 切勿对过滤器用力过度，否则可能导致变形或损坏，不能使用。

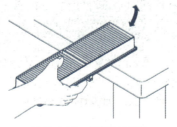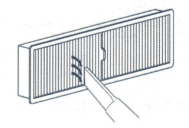

图7-3-11　扣打过滤器　　　图7-3-12　吸尘器吸除残留灰尘

步骤6：装回空气过滤器，如图7-3-13所示。
步骤7：关闭空气过滤器盖子。压下对应于各锁扣的盖子部分，直到卡入到位。
步骤8：清洁过滤器之后，在配置菜单中点击"复位空气过滤器时间"，清除累积的空气过滤器时间，将该值恢复到"0H"，如图7-3-14所示。

图7-3-13　装回空气过滤器　　　图7-3-14　复位空气过滤器时间

项目七 投影机的使用与维护

[知识链接]

一、读懂投影机控制面板指示灯

如果感觉投影机工作有问题,可以先检查投影机的指示灯。一般投影机提供下面三种指示灯:⏻电源指示灯,☼灯泡指示灯,🌡温度指示灯。它们能提醒投影机的操作状态,如图7-3-15 所示。

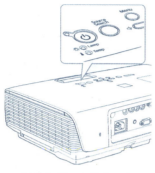

图 7-3-15 三种指示灯

小贴士

如果所有的指示灯都不亮,应检查电源线的连接是否正确,电源供电是否正常。有时,当电源线拔出时,⏻指示灯仍会点亮一小段时间,这不是故障。

参考下图,理解指示灯的含义及如何纠正指示灯指示的问题。

1. ⏻ 电源指示灯发出红光

● :点亮   ☀ :闪烁   ○ :熄灭

状态	原因	纠正方法或状态
⏻ ● 红色 ☼ ☀ 红色 🌡 ☀ 红色	内部错误	停止使用投影机,从电源插座拔下电源线,并联络本地经销商
⏻ ● 红色 ☼ ○ 🌡 ☀ 红色	风扇错误 感应器错误	停止使用投影机,从电源插座拔下电源线,并联络本地经销商
⏻ ● 红色 ☼ ○ 🌡 ● 红色	高温错误 (过热)	灯泡自动熄灭并停止投影。等待约 5 分钟后投影机会切换到待机模式,请检查下列两点。 ● 检查空气过滤器和排气口是否清洁,投影机是否离开墙壁放置。 ● 如果空气过滤器堵塞,请清洁或更换
⏻ ● 红色 ☼ ☀ 红色 🌡 ○	灯泡错误 灯泡故障 灯泡盖打开	拿出灯泡并检查是否碎裂。 检查灯泡盖和灯泡是否安装牢固。如果灯泡盖或灯泡安装不牢固,则灯泡无法亮起

169

续　表

状态	原因	纠正方法或状态
⏻ ● 红色 ☼ ○ 🌡 ● 红色	空气流动异	过滤器被灰尘或脏物堵塞,应清洁或更换空气过滤器

2. ☼ 灯泡指示灯和 🌡 温度指示灯点亮或闪烁橙光

● :点亮　　☼ :闪烁　　○ :熄灭　　◐ :根据投影机状态而变化

状态	原因	纠正方法或状态
⏻ ☼ 红色 ☼ ○ 🌡 ● 橙色	高温警告	● 检查空气过滤器和排气口是否清洁,投影机是否离开墙壁放置。 ● 如果空气过滤器堵塞,应清洁或更换
⏻ ○ ☼ ● 橙色 🌡 ○	更换灯泡	更换新灯泡。
⏻ ○ ☼ ○ 🌡 ● 橙色	无空气过滤器	检查空气过滤器是否安装牢固

3. 🌡 指示灯绿色闪烁

● :点亮　　☼ :闪烁　　○ :熄灭　　◐ :根据投影机状态而变化

状态	原因	纠正方法或状态
⏻ ○ ☼ ○ 🌡 ☼ 绿色	空气过滤器清洁通知	指示已到了清洁或更换空气过滤器的设定时间(这不是故障现象),应清洁或更换空气过滤器

二、便携式投影机放置角度

如果使用投影机时其倾斜角度超过30°,可能会损坏投影机并造成事故,如图7-3-16所示。

倾斜角度

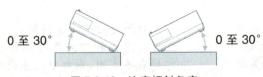

图 7-3-16　注意倾斜角度

项目七 投影机的使用与维护

[拓展训练]

[训练] 清洁投影机表面和镜头盖玻璃

步骤1:用软布轻轻擦拭来清洁投影机的表面。

步骤2:如果投影机特别脏,将软布用含有少量中性洗涤剂的水浸湿,拧干后擦拭投影机的表面。

步骤3:使用市售的清洁玻璃布轻轻擦拭镜头盖玻璃。

> **小贴士**
> 切勿使用如蜡、酒精或稀释剂等挥发性物质清洁投影机的表面。外壳质量可能改变或变色。

> **小贴士**
> 切勿用硬质材料擦镜头盖玻璃或使其受到冲击,否则很容易损坏。

[项目评价]

序号	评价项目	评价关键点	学生自评	教师评价	配分
1	安置便携式投影机	能根据屏幕正确摆放			15
		能正确连接计算机			10
		能正确显示图像			10
2	用投影机展示课件	能正确开启和关闭投影机			20
		能对投影图像进行调节			20
3	投影机维护	能正确清洁通风过滤器			10
		能正确清洁机表面和镜头			5
		能正确更换灯泡			10

常用办公设备 使用与维护

项目八　数码照相机的使用与维护

[项目概述]

数码照相机(数码相机)是一种利用电子传感器把光学影像转换成电子数据的照相机。数码相机能直接欣赏拍摄的影像和检查拍摄的效果;能直接储存拍摄的影像;能直接处理拍摄的影像;能直接印出相片;能直接传送拍摄及编辑好的影像。这些优点使得数码相机成为当今相机的主流。在办公事务中,常常要用到数码相机。办公文员应懂得如何使用数码相机,并且掌握一定的拍摄技巧,能够拍出高质量的相片,为公司会议、重要人物来访、重大活动留下必要的图片资料。

[项目目标]

1. 技能目标

① 能使用数码照相机拍照。
② 能将相机中的照片输入电脑。
③ 能对数码照片进行简单后期处理。
④ 能正确清洁数码照相机镜头和机身。

2. 知识目标

① 认识数码照相机各部件。
② 了解数码照相机的日常保养要点。

任务1　对数码照相机进行基本设置

[任务目标]

① 能对数码照相机进行基本设置。
② 熟悉数码照相机使用注意事项。

[任务情境]

小方所在的公司下月初要承办一个年会。小方主要负责会议记录与拍照工作,会议结束后还要在公司网站上发一篇通讯稿并配发照片。陈主任问她会不会使用数码相机,如果不会

项目八 数码照相机的使用与维护

的话,可以趁这段时间自学起来,把公司的数码相机借回家好好琢磨琢磨。小方拿到心仪的数码单反相机,就迫不及待地钻研起来。

[任务解析]

要使用数码相机,首先要对手上的数码相机有个基本的了解。通过对数码相机进行使用前基本设置,可以使我们对各部件名称、功能有个初步的了解,方便随后的拍摄活动。在熟悉部件过程中,我们可以以一次正常的拍摄活动为主线,以用到的部件为点展开。如果已有使用传统相机的经历,大部分经验都可以借鉴过来。以下我们以尼康(NiKon)D90 数码单反相机为例,进行基本设置讲解。

[实训1] 设定时间和日期

步骤1:开启相机。第一次开启相机时,显示屏中将出现语言选择对话框。选择一种语言并设定时间和日期,如图8-1-1所示。

步骤2:选择一种语言。按下▲或▼高亮显示所需语言并按下"OK",如图8-1-2所示。

> **小贴士**
>
> 若未设定时间和日期,显示屏中将显示闪烁的 CLOCK,并且无法为照片记录正确的时间和日期。

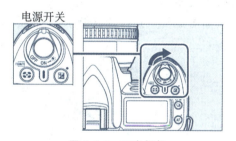

图8-1-1 开启相机

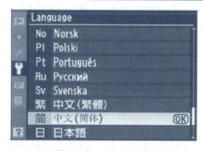

图8-1-2 选择语言

步骤3:选择时区。接下来会显示时区选择对话框。按下◀或▶高亮显示当地时区(UTC区域以小时为单位展示了所选时区和世界协调时间(UTC)之间的时差),再按下"OK",如图8-1-3所示。

步骤4:开启或关闭夏季时间。接下来会显示夏季时间选项。夏季时间默认为关闭;若当地时区实施夏季时间,可按下▲高亮显示"开启"并按下"OK",如图8-1-4所示。

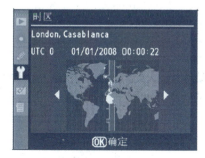

图8-1-3 选择时区

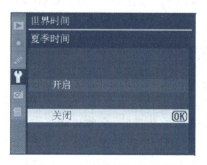

图8-1-4 开启或关闭夏季时间

步骤5：设定日期和时间。按下◀或▶选择一个项目，按下▲或▼可进行更改。将时钟设定为当前日期和时间之后，按下"OK"，如图8-1-5所示。

步骤6：选择日期格式。按下▲或▼选择年、月、日的显示顺序并按下"OK"，如图8-1-6所示。

步骤7：退回拍摄模式。半按下快门释放按钮可返回拍摄模式。

 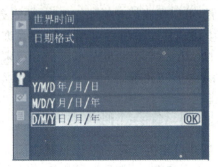

图 8-1-5　设定日期和时间　　　　　　图 8-1-6　选择日期格式

[实训2] 插入和取出存储卡

步骤1：关闭相机。插入或取出存储卡前务必先关闭相机，如图8-1-7所示。

步骤2：打开存储卡插槽盖。向外滑动存储卡插槽盖（①）并打开存储卡插槽（②），如图8-1-8所示。

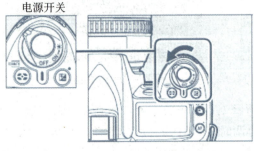 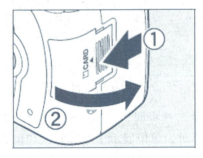

图 8-1-7　关闭相机　　　　　　图 8-1-8　打开存储卡插槽盖

步骤3：插入存储卡。按照图8-1-9所示，持拿存储卡，并将其推入直至卡入正确位置发出咔嗒声。存储卡存取时指示灯将会点亮几秒。

> **小贴士**
>
> 　　存储卡插反或插倒都可能会损坏相机或存储卡。应检查以确保存储卡的插入方向正确。插入或取出存储卡之前，应先关闭相机电源。格式化过程中，或正在记录、删除或向计算机复制有关数据时，应勿从相机中取出存储卡或关闭相机，也不要取出电池或切断电源。否则，可能会导致数据的丢失或是损坏相机或存储卡。

项目八 数码照相机的使用与维护

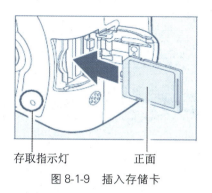

图 8-1-9 插入存储卡

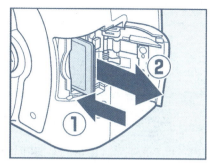

图 8-1-10 取出存储卡

步骤 4：关闭存储卡插槽盖。

步骤 5：取出存储卡。确认存取指示灯已熄灭后，关闭相机，打开存储卡插槽盖，并向里按存储卡以将其弹出（①），此时即可用手将卡取出（②），如图 8-1-10 所示。

关闭相机后，若相机中的 EN－EL3e 电池带有电量且未插入存储卡，控制面板中将显示 [-E-] 且取景器中将显示一个图标，如图 8-1-11 所示。

存储卡配备有一个写保护开关，可防止意外数据丢失。当写保护开关处于"锁定"位置时，无法记录或删除照片，且无法格式化存储卡。若要解除存储卡的锁定，可将该开关推至写入位置，如图 8-1-12 所示。

图 8-1-11 未插入存储卡

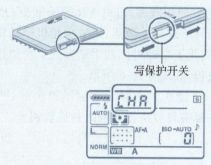

图 8-1-12 写保护开关

[实训 3] 安装和取下镜头

步骤 1：确认相机关闭后，从镜头上取下镜头后盖并取下相机机身盖，如图 8-1-13 所示。

步骤 2：安装镜头。将镜头上的安装标记和相机机身上的安装标记对齐，然后将镜头插入相机的卡口中。逆时针旋转镜头直至其卡到正确位置发出咔嗒声，注意此时勿按下镜头释放按钮，如图 8-1-14 所示。

取下镜头后盖和相机机身盖时，应注意防止灰尘进入相机。

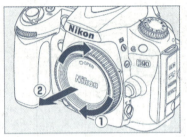

图 8-1-13 取下镜头后盖和相机机身盖

图 8-1-14 安装镜头　　　　　　图 8-1-15 选择对焦方式

步骤3：若镜头配备了一个 A－M 或 M/A－M 切换器，可选择 A（自动对焦）或 M/A（手动优先自动对焦），如图 8-1-15 所示。

步骤3：若要使用减震，可将 VR 开关推至 ON。当半按下快门释放按钮时减震将被激活，可减少相机晃动对取景器中影像的影响，并简化了自动对焦和手动模式下对拍摄对象进行构图及对焦的过程，如图 8-1-16 所示。

步骤4：取下镜头。在取下或更换镜头时，请确保相机已经关闭。按住镜头释放按钮并顺时针旋转镜头。取下镜头后，应重新盖上镜头盖、后盖和相机机身盖，如图 8-1-17 所示。

小贴士

通过将 VR 开关推至 OFF 即可关闭减震。当相机牢固地安置于三脚架上时，可关闭减震，但如果三脚架云台没有固定或使用单脚架时，则需开启减震。

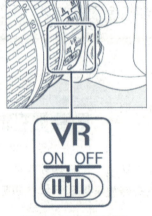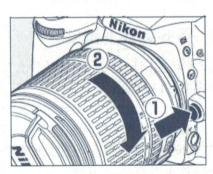

图 8-1-16 使用减震　　　　　　图 8-1-17 取下镜头

项目八 数码照相机的使用与维护

[实训4] 插入电池

步骤1:插入或取出电池前务必先关闭相机,如图8-1-18所示。

步骤2:打开相机底部的电池盒盖,如图8-1-19所示。

步骤3:插入电池,如图8-1-20所示。

步骤4:关闭电池盒盖,如图8-1-21所示。

> **小贴士**
> 为防止电池短路,当不使用电池时,应重新套上终端盖。

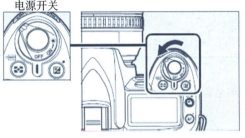

图8-1-18 关闭相机

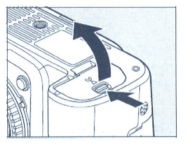

图8-1-19 打开电池盒盖

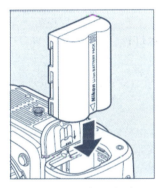

图8-1-20 插入电池

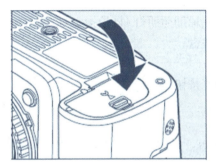

图8-1-21 关闭电池盒盖

[知识链接]

一、相机机身中各部件的名称和基本功能(一)(如图8-1-22所示)

① 模式拨盘;

② 固定相机带的金属环;

③ 焦平面标记;

④ 配件热靴(用于另购的闪光灯组件);

⑤ 配件热靴盖;

⑥ 电源开关;

⑦ 快门释放按钮;

⑧ ☒(曝光补偿)按钮/双按钮重设按钮;

⑨ ❖(测光)按钮/ FORMAT (格式化)按钮;

177

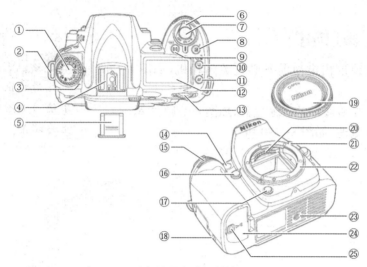

图 8-1-22　部件的名称和基本功能（一）

⑩ □ (释放模式)按钮；

⑪ AF(自动对焦模式)按钮/双按钮重设按钮；

⑫ 控制面板；

⑬ 主指令拨盘；

⑭ 自动对焦辅助照明灯/自拍指示灯/防红眼指示灯；

⑮ 副指令拨盘；

⑯ Fn 按钮；

⑰ 景深预览按钮；

⑱ 扬声器；

⑲ 机身盖；

⑳ CPU 接点；

㉑ 安装标记；

㉒ 镜头卡口；

㉓ 三脚架插孔；

㉔ 电池盒盖；

㉕ 电池盒盖锁闩。

二、相机机身中各部件的名称和基本功能（二）（如图 8-1-23 所示）

① 内置闪光灯；

② ⚡(闪光灯模式)按钮/ (闪光补偿)按钮；

③ 麦克风；

④ 红外线接收器；

⑤ BKT (包围)按钮；

⑥ 接口盖；

⑦ 镜头释放按钮；

⑧ 对焦模式选择器；

项目八 数码照相机的使用与维护

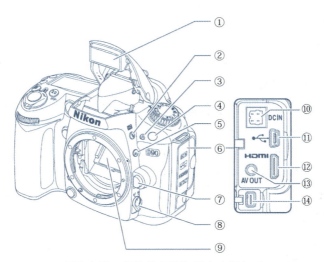

图 8-1-23 部件的名称和基本功能(二)

⑨ 反光板;
⑩ 用于另购 EH-5a 或 EH-5/电源适配器的 DC 输入接口;
⑪ USB 接口/连接至计算机/连接至打印机;
⑫ HDMI mini-pin 接口;
⑬ 视频接口;
⑭ 配件端口。

三、相机机身中各部件的名称和基本功能(三)(图 8-1-24)

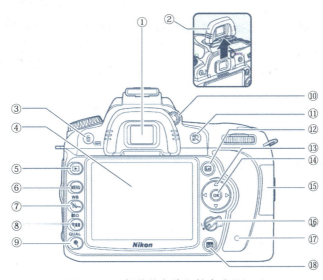

图 8-1-24 部件的名称和基本功能(三)

① 取景器目镜;
② DK-21 取景器目镜罩;
③ 🗑（删除）按钮删除照片/在播放过程中删除照片/ FORMAT（格式化）按钮;
④ 显示屏/即时取景/查看照片/全屏播放;

179

⑤ ▶（播放）按钮；

⑥ MENU（菜单）按钮；

⑦ ?/∞（保护/帮助）按钮/WB（白平衡）按钮/白平衡微调白平衡/色温；

⑧ （缩略图/缩小播放）按钮/ISO（ISO感光度）按钮；

⑨ （放大播放）按钮/QUAL（影像品质/尺寸）按钮/影像品质/影像尺寸；

⑩ 屈光度调节控制器；

⑪ AE－L/AF－L按钮/对焦锁定/选择功能；

⑫ Lv（即时取景）按钮/拍摄照片/拍摄短片；

⑬ 多重选择器；

⑭ OK（确定）按钮；

⑮ 存储卡插槽盖；

⑯ 对焦选择器锁定开关；

⑰ 存储卡存取指示灯；

⑱ info（信息显示/快速设定）按钮。

[拓展训练]

[训练] 格式化存储卡

在新买了存储卡或用于其他设备后必须格式化。

步骤1：开启相机，如图8-1-25所示。

步骤2：同时按住 ❖ 和 🗑 按钮大约2秒钟，如图8-1-26所示。

控制面板和取景器的快门速度显示中将出现闪烁的 。若要不格式化存储卡而直接退出，应等待6秒（默认设定）直至 For 停止闪烁，或按下 ❖ 和 🗑 按钮以外的任何按钮，如图8-1-27所示。

> **小贴士**
>
> 格式化存储卡将永久删除卡上可能保存的任何数据。进行格式化之前，务必将所有需要保留的照片和其他数据复制到计算机上。

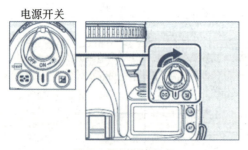

图8-1-25 开启相机

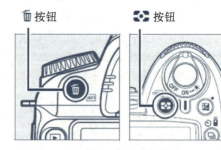

图8-1-26 格式化操作

步骤3：当 For 闪烁时，再次同时按下 ❖ 和 🗑 按钮格式化存储卡。在格式化过程中，不要取出存储卡、电池或切断电源。

格式化完成后，控制面板和取景器中将会显示当前设定下存储卡可记录的照片数量，如图8-1-28所示。

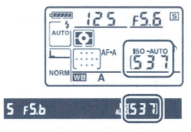

图 8-1-27　格式化显示　　　　　图 8-1-28　格式化完成

任务 2　拍摄单位活动照片

[任务目标]

① 在(自动)模式下拍摄照片。
② 能根据不同场景选用合适的模式拍摄照片。

[任务情境]

小方对照 NiKon D90 数码相机操作手册学习了几个晚上,终于对数码单反相机各个部件有了基本了解。在年会上,陈主任问她有没有把数码单反相机弄明白,如果不熟的话,可以先尝试在(自动)模式下拍摄照片,然后再慢慢试着根据不同场景选用合适的模式拍摄照片。

[任务解析]

数码单反相机各个部件比较多,要在拍摄活动中熟练地运用这些部件,对初学者而言是比较难的。凡事要抓住主干,初学者使用数码单反相机,首先要掌握在(自动)模式下拍摄照片。熟练之后再学习对焦、ISO 感光度、曝光、白平衡、快门速度和光圈,就相对容易多了。

[实训] 在 (自动)模式下拍摄照片

步骤 1:开启相机。
① 取下镜头盖并开启相机,控制面板和取景器显示将会亮起,如图 8-2-1 所示。
② 检查取景器或控制面板中显示的电池电量级别,如图 8-2-2 所示。

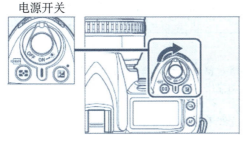

图 8-2-1　开启相机　　　　　　图 8-2-2　检查电池电量

③ 检查剩余可拍摄张数。控制面板和取景器中的拍摄张数显示将显示出存储卡内可储存的照片数量，如图 8-2-3 所示。

若在当前设定下没有足够空间存储更多照片，显示将会如图 8-2-4 所示闪烁，此时须更换存储卡或删除一些照片以继续拍摄。

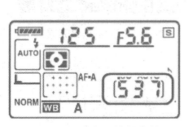
图 8-2-3　检查可拍摄张数

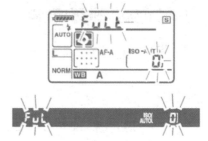
图 8-2-4　没有存储空间

步骤 2：选择拍摄和对焦模式。

① 选择 AUTO 或 ⚡ 模式。若拍摄照片时不想使用闪光灯，将模式拨盘旋转至 ⚡；否则，请将模式拨盘旋转至 AUTO，如图 8-2-5 所示。

② 选择自动对焦。将对焦模式选择器旋转至 AF（自动对焦）位置，如图 8-2-6 所示。

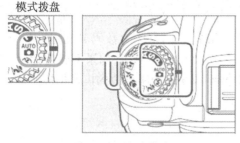
图 8-2-5　自动模式

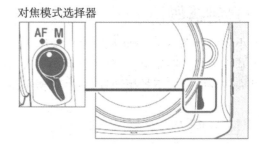
图 8-2-6　选择自动对焦

步骤 3：检查控制面板中显示的相机设定。AUTO 和 ⚡ 模式的默认设定如图 8-2-7 和图 8-2-8 所示。

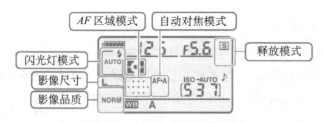
图 8-2-7　自动模式下的默认设定

选项	默认值	说明
闪光灯模式（AUTO 模式）	AUTO	若拍摄对象光线不足，当半按下快门释放按钮时，闪光灯将自动弹出且将在拍摄照片时闪光
闪光灯模式（⚡ 模式）	⚡（闪光灯关闭）	即使光线不足，闪光灯也不会闪光

选项	默认值	说明
影像品质	NORM（JPEG 标准）	以大约 1∶8 的压缩率记录 JPEG 影像,适用于快照
影像尺寸	L（大）	影像尺寸为 4288×2848 像素
释放模式	S（单张拍摄）	每按一次快门释放按钮,相机拍摄一张照片
自动对焦模式	AF-A（自动选择）	拍摄静止的对象时,相机自动选择单次伺服自动对焦,而拍摄移动的拍摄对象时,相机自动选择连续伺服自动对焦。若相机无法对焦,将不会拍摄照片
AF 区域模式	AF 自动区域	相机自动选择对焦点

图 8-2-8　默认设定说明

步骤 4:构图。

① 准备相机。在取景器中构图时,用右手握住相机的操作手柄,左手托住机身或镜头,肘部轻贴身体以作支撑,同时一只脚向前站半步以保持上身的平稳。当以人像(竖直)方位构图时,应按照竖直拍摄所示握住相机,如图 8-2-9 所示。

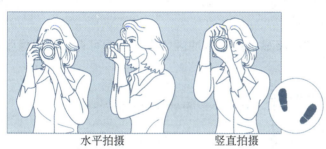

水平拍摄　　　　竖直拍摄

图 8-2-9　握住相机方式

小贴士

在 模式下,当光线不足时,快门速度将降低,推荐使用三脚架。

② 构图。在取景器中构图,将主要拍摄对象置于 11 个对焦点中的至少一个对焦点上,如图 8-2-10 所示。

若使用变焦镜头,变焦环可放大拍摄对象,使其填满画面的更大部分区域,或缩小拍摄对象,以增加最终照片中的可视区域(选择镜头焦距刻度标记上的较长焦距可放大,选择较短焦距则可缩小),如图 8-2-11 所示。

对焦点

图 8-2-10　对焦点

放大
变焦环
缩小

图 8-2-11　使用变焦镜头

步骤5：对焦。

① 半按下快门释放按钮进行对焦。相机将自动选择对焦点。若拍摄对象光线不足，闪光灯可能弹出，自动对焦辅助照明灯也可能点亮，如图8-2-12所示。

图8-2-12　半按快门对焦

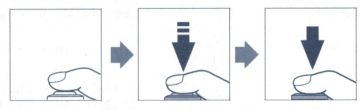

图8-2-13　无操作→对焦→拍摄

小贴士

快门释放按钮状态。数码相机有一个两段式快门释放按钮。半按下快门释放按钮时相机进行对焦。若要拍摄照片，应将其完全按下，如图8-2-13所示。

② 在取景器中查看指示。当对焦操作完成时，所选对焦点将被短暂高亮显示，相机将发出蜂鸣音，且对焦指示（●）将出现在取景器中。若相机选择单次伺服自动对焦，在半按快门释放按钮时将锁定对焦，如图8-2-14所示。

当半按下快门释放按钮时，取景器中将显示内存缓冲区（" "）中可存储的影像张数，如图8-2-15所示。

图8-2-14　对焦指示

图8-2-15　缓冲区容量

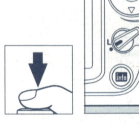

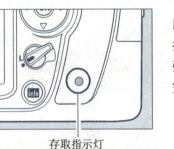

步骤6：拍摄。平稳地完全按下快门释放按钮以释放快门并拍摄照片。存储卡插槽盖旁的存取指示灯将点亮。在该指示灯熄灭，拍摄完成前，勿弹出存储卡，也不要取出电池或切断电源。拍摄完成后请关闭相机，如图8-2-16所示。

步骤7：拍摄完成后关闭相机。

图8-2-16　存取指示灯

[知识链接]

一、P、S、A和M模式

P、S、A和M模式可用来控制多个高级设定,包括快门速度和光圈、测光、闪光补偿和白平衡。P、S、A和M模式可用来对快门速度和光圈进行不同程度的控制。

① 模式P(程序自动)。相机设定快门速度和光圈以获得最佳曝光。在拍摄快照以及在没有足够时间来调整相机设定的情况下建议使用该模式。

② 模式S(快门优先自动)。选择快门速度,相机选择光圈以达到最佳效果,用于定格或模糊动作。

③ 模式A(光圈优先自动)。选择光圈,相机选择快门速度以达到最佳效果,用于模糊背景,或使前景和背景都位于焦距内。

④ 模式M(手动)。用户控制快门速度和光圈,将快门速度设定为"bulb"或"- -"可实现长时间曝光。

二、选择影像品质和尺寸

影像品质和尺寸共同决定每张照片在存储卡上所占的空间大小。尺寸较大、品质较高的影像可在较大尺寸下进行打印,但同时也会占用存储卡更多的空间,也就是说,这种影像在存储卡中可保存的数量更少,如图8-2-17所示。

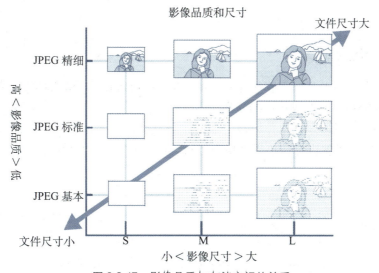

图8-2-17 影像品质与存储空间的关系

对影像品质和尺寸所作的更改会反映到控制面板和取景器中所显示的剩余可拍摄张数上。

① 若要选择影像品质,按下 🔍 (QUAL) 按钮并旋转主指令拨盘,直到控制面板中显示所需设定。影像品质也可在拍摄菜单中进行调整,如图8-2-18所示。

② 若要选择影像尺寸,按下 🔍 (QUAL) 按钮并旋转副指令拨盘,直到控制面板中显示所需设定。影像尺寸也可在拍摄菜单中进行调整,如图8-2-19所示。

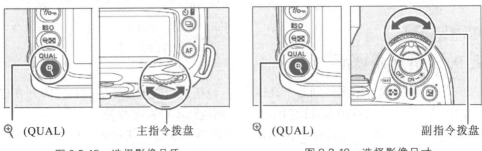

图 8-2-18　选择影像品质　　　　　图 8-2-19　选择影像尺寸

三、选择释放模式

释放模式决定相机如何拍摄照片：一次拍摄一张、连续拍摄、使用定时快门释放延迟或者遥控器，如图 8-2-20 所示。

若要选择释放模式，应按下 ▢ 按钮并旋转主指令拨盘，直到控制面板中显示所需设定。

图 8-2-20　选择释放模式

四、调整 ISO 感光度

ISO 感光度在数字上等同于胶片感光速度。ISO 感光度越高，曝光时所需光线就越少，从而可以使用较高的快门速度或较小的光圈。

通过按下 （ISO）按钮并旋转主指令拨盘直到控制面板中显示所需设定，即可选择 ISO 感光度。ISO 感光度也可在拍摄菜单中进行调整，如图 8-2-21 所示。

图 8-2-21　调整 ISO 感光度

五、快门速度和光圈的组合效果

使用快门速度和光圈的不同组合可获得相同曝光。高速快门和较大光圈可定格移动的物体并柔化背景细节，而低速快门和较小光圈可模糊移动的物体并突出背景细节。记住，f 值越大，光圈越小，如图 8-2-22 和图 8-2-23 所示。

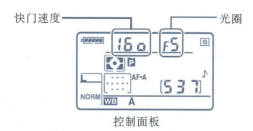

图 8-2-22　快门、光圈指示

高速快门(1/1600 秒)　　　　　　低速快门(1 秒)

小光圈(f/36)　　　　　　大光圈(f/3)

图 8-2-23　快门速度和光圈的不同组合效果

[拓展训练]

[训练 1]　查看照片

默认设定下,拍摄后照片在显示屏中自动显示大约 4 秒。若显示屏中未显示照片,可按下 ▶ 按钮查看最近一次拍摄的照片。

步骤 1:按下 ▶ 按钮,显示屏中将显示一张照片,如图 8-2-24 所示。

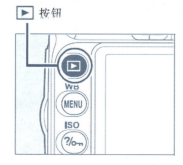

图 8-2-24　查看最近一次拍摄的照片

步骤2:按下◀或▶可显示其他照片。若要查看当前照片的其他信息,可按▲和▼,如图8-2-25所示。

图 8-2-25　查看其他照片

步骤3:若要结束播放并返回拍摄模式,可半按下快门释放按钮。

[训练2] 删除不需要的照片

若要删除显示屏中当前显示的照片,应按下 🗑 按钮。注意,照片一旦被删除,将不能恢复。

步骤1:显示照片。按照查看照片流程显示希望删除的照片。

步骤2:删除照片。按下 🗑 按钮,将会显示确认对话框。

步骤3:再次按下 🗑 按钮将删除影像并返回播放状态。若要不删除照片而直接退出,应按 ▶ ,如图8-2-26所示。

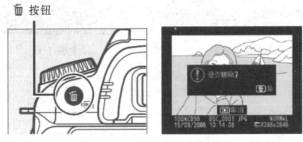

图 8-2-26　删除不需要的照片

[训练3] 请分别用 AUTO、P、S、A和M五种模式各拍5组照片,并填写下表

拍摄模式	拍摄感受	图片效果
AUTO(自动)模式		
P(程序自动)模式		
S(快门优先自动)模式		
A(光圈优先自动)模式		
M(手动)模式		

任务3 对数码照片进行简单后期处理

[任务目标]

① 能把数码照相机中的照片传输到计算机中。
② 能对数码照片进行简单的后期处理。

[任务情境]

小方终于完成了年会活动的拍摄任务。她首先把拍摄的相片传到计算机中,然后在计算机上一张张仔细筛选所需要的照片。在筛选过程中,她发现有些需要的照片存在主题不突出、曝光不够、颜色有偏差等问题,感觉自己这个新手在仓促之下错误太多。好在学校里学过一点数码照片的后期处理,于是小方就着手干了起来。

[任务解析]

与传统底片相比,数码照片的一个突出特点就是照片的后期处理空间非常广,自由度非常大。要对数码照片进行后期处理,首先要把数码照相机中的照片传输到计算机中,其次要明确一张好照片的标准:曝光准确、构图得当、主题鲜明、主体突出。对照这个标准,我们在Photoshop软件中只要用到全局色彩调整、裁切、局部颜色调整等简单几步操作就可以使先期拍摄的照片在品质上有极大的提高。

[实训1] 把数码照相机中的照片传输到计算机中

步骤1:关闭相机。
步骤2:连接 USB 线,切勿用力或试图斜着插入插头,如图 8-3-1 所示。
步骤3:开启相机。
步骤4:传送照片。相机中 Nikon Transfer 将自动启动,单击"开始传输"按钮即可传送照片。

应直接将相机连接至计算机,切勿通过 USB 集线器或键盘进行连接。

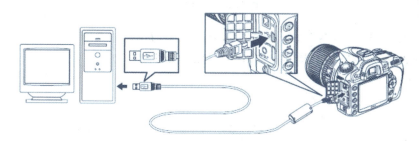

图 8-3-1 连接电脑和数码相机

步骤 5：传送完毕后，应关闭相机并断开 USB 线的连接。传送完毕后，Nikon Transfer 将自动关闭。

[实训 2] 通过裁切相片来调整构图、突出主题

把拍摄的照片裁切出科学的构图比例，尤其是画面的构图和尺寸，把能吸引人的部分留下，没用的部分裁掉，让照片构图更完美。

先看图 8-3-2 原图，画面很乱，无关景物多，主题不明确，并且主题在画面上的位置不科学，影响视觉效果。通过裁剪后主题突出了，如图 8-3-3 所示。

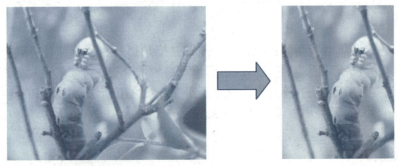

图 8-3-2　原图　　　　　　图 8-3-3　裁剪后图片

步骤 1：在 Photoshop 软件中打开要调整的图片。
步骤 2：利用"矩形工具"拉出所需要的选区画面，如图 8-3-4 所示。

图 8-3-4　拉出选区

步骤 3：执行"图像/裁剪"命令，剪取所需要的画面，如图 8-3-5 所示。
步骤 4：通过"仿制图章工具"修改多余的对象，如图 8-3-6 所示。
步骤 5：保存文件。

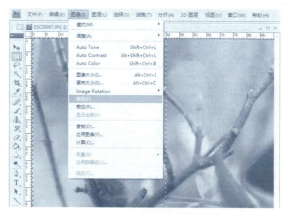

图 8-3-5 剪取选区画面

图 8-3-6 "仿制图章工具"

[实训 3] 图片全局色调校正

如果图片全局比较暗,可以通过 Photoshop 软件对整体亮度进行提升。

图 8-3-7 校正前　　　　　　　　图 8-3-8 校正后

步骤 1:在 Photoshop 软件中打开要校正的图片。
步骤 2:执行"图像/调整/色调均化"命令,即可提高整体亮度,如图 8-3-9 所示。
步骤 3:执行"图像/调整/曲线"命令,再对调亮后的图片进行对比度、明暗度调整,如图 8-

图 8-3-9 色调均化

3-10 所示。

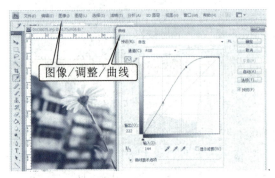

图 8-3-10 "曲线"调整

步骤 4：保存文件。

[实训 4] 图片局部色调校正

如果要凸显图片中的主题，可以通过上下 2 个图层色调的差异，用擦除的方式把主题凸显出来。

图 8-3-11 调整前　　　　　　　　图 8-3-12 调整后

步骤1：在Photoshop软件中打开要调整的图片。
步骤2：复制图层，关闭副本的显示，只显示原图层。先调整原图层的色调，如图8-3-13所示。

图8-3-13　先对原图层进行调整

步骤3：执行"图像/调整/亮度/对比度"命令，对需要调整的原图层主题进行亮度/对比度调整，如图8-3-14所示。

图8-3-14　亮度/对比度调整

步骤4：打开副本图层显示，如图8-3-15所示。

图8-3-15　回到副本图层操作

步骤5：运用"橡皮擦工具"，设置为边缘模糊画笔、不透明度为60％，在主题上擦除，把主题凸显出来，如图8-3-16所示。

图8-3-16　运用"橡皮擦工具"

步骤6：合并图层后保存文件。

[知识链接]

一、数码相片后期处理软件介绍

普通人很难拍出专业摄影师那样美轮美奂的照片。为了弥补这一缺憾，就需要对照片进行后期处理，以下介绍几个图像处理软件：

① Photoshop，我们最熟悉的莫过于Photoshop这款专业的图像处理软件了。Photoshop主要处理以像素所构成的数字图像。使用其众多的编修与绘图工具，可以有效地进行图片编辑工作。

② Lightroom，也是Adobe公司出品的一款图片处理软件，主要支持各种RAW图像，此外还能用于JPEG Tiff等普通数码图像和数码相片的浏览、编辑、整理、打印等。相较于Photoshop，Lightroom更加适用于RAW格式图片的编辑以及大批量图片的处理。

③ 光影魔术手(nEO iMAGING)是一个对数码照片画质进行改善及效果处理的软件。简单、易用，不需要任何专业的图像技术，就可以制作出专业胶片摄影的色彩效果，相对于Photoshop等专业图像软件而言，显得十分小巧易用，大部分功能都是针对数码照片的后期处理的。

④ 美图秀秀是一款免费图片处理软件，不用学习就会用，比Photoshop简单很多。图片特效、美容、拼图、场景、边框、饰品等功能，加上每天更新的精选素材，可以让你1分钟做出影楼级照片。"美图秀秀"界面直观、操作简单，比同类软件更好用，每个人都能轻松上手。

二、构图的要点

构图是对画面内容和形式整体的考虑和安排。构图的原则是变化中求统一。构图方法有三个要点：

① 画面主题图形的位置。

② 非主题图形的位置以及与主题图形的关系。

③ 画面底形的位置以及与图形的关系。

在三个要点中,第一要点是构图的决定因素,它在画面中的位置决定了画面的样式。构图的样式分为两大类:对称式构图和均衡式构图。

① 对称式构图:主题置中心,非主题置于两边,底形分割均匀。常用于表现对称的物体、建筑、特殊风格的物体。人物拍摄时用于证件照、集体照。

② 均衡式构图:主形置于一边,非主形置于另一边,起平衡作用,底形分割不均匀。均衡式构图一般表达动态内容,结构完美无缺,安排巧妙,对应而平衡。常用于月夜、水面、夜景、新闻等题材,是我们学习的重点。

三、均衡式构图中的"黄金分割"

"黄金分割"是广泛存在于自然界的一种现象,简单地说就是将摄影主体放在位于画面大约三分之一处,让人觉得画面和谐充满美感。"黄金分割法"又称"三分法则","三分法则"就是将整个画面在横、竖方向各用两条直线分割成等份的三部分,即以 1∶0.618 的比例分割画面,如图 8-3-17 所示。

我们将拍摄的主体放置在任意一条直线或直线的交点上,这样比较符合人类的视觉习惯。拍摄时可直接调出相机的"井"字辅助线,将拍摄主体放在 4 个交叉点上,这样画面立刻就活了起来,如图 8-3-17 所示。

图 8-3-17　三分法则

[拓展训练]

[训练]

分别用 Photoshop 和光影魔术手(nEO iMAGING)对图 8-3-18 所示图片进行后期处理。

图 8-3-18　待后期处理图片

任务 4　数码照相机日常保养

[任务目标]

① 能完成数码照相机镜头和机身的清洁工作。
② 了解数码照相机日常使用中的保养知识。

[任务情境]

小方最近在拍摄时，总感觉画面上有若隐若现的指纹。她仔细观察相机镜头，发现不知道什么时候不小心手指接触了镜头，在镜头上留下了指纹。本想拿出包中的餐巾纸，随手把指纹擦去。但考虑到数码单反的价格，觉得还是小心为妙。于是小方上网查了有关数码照相机的保养知识，对当时没有鲁莽行事感到庆幸。

[任务解析]

使用数码相机过程中，对其进行适当的维护保养，可以使相机保持最佳工作状态，方便摄影创作，延长相机的使用寿命。数码相机的维护保养主要包括镜头和机身的清洁工作和如何存放相机，当然，使用中避免环境因素对相机的损伤也很重要。在保养数码相机时，专业的工具是必不可少的。

[实训 1]　镜头的清洁

相机镜头是非常精密的部件，其表面做了防反射、增透的镀膜处理，一定要注意不能直接用手去摸，因为这样就会粘上油渍及指纹，这对镀膜非常有害，而且对数码相机拍摄出来的照片质量也会有影响。

相机使用后，镜头多多少少都会沾上灰尘，最好的方法是用吹气球吹掉，或者是用软毛刷轻轻刷掉。如果吹不去也刷不掉，那就要使用专用的镜头布或者镜头纸轻轻擦拭，但要记住一个原则，那就是不到万不得已不要擦拭镜头。

小贴士

千万不要用纸巾等看似柔软的纸张来清洁镜头，这些纸张都包含有比较容易刮伤镀膜的木质纸浆，一不小心就会严重损害相机镜头上的易损镀膜。

步骤1：在动手之前要准备一双防静电手套，一来清洗剂会沾在手上不好清理，而且这样才不会让你的清洁工作因为手上的油脂而前功尽弃。特别要注意的是清洁的地点要尽量选择在无尘、干燥、无静电的环境。

步骤2：用软刷（如：貂毛制的画笔）或吹风机来清除灰尘。如果要抹镜头，应该先用气泵把尘埃吹走，才用镜头纸拭抹，否则尘埃便有可能刮花镜头，如图8-4-1所示。

项目八 数码照相机的使用与维护

图 8-4-1 清除浮尘

步骤3:使用擦镜布或者镜头纸轻轻地拭去中等程度顽固污迹。过程中基本不施压,擦拭过程方向为中由镜头中心向外螺旋式,如图8-4-2所示。

步骤4:使用镜头笔施少许压力从镜头中间往外扫。使用镜头笔前务必保证吹净镜头表面,确保没有任何灰尘颗粒,再竖直轻压镜头笔从镜头中间顺时针向外扫,一次后注意吹去镜头表面脱落的镜头碳粉,再观察效果,再擦再吹。反复4~5次镜头就应该光亮如新,如图8-4-3所示。

图 8-4-2 使用擦镜布　　　　　图 8-4-3 使用镜头笔

步骤5:对于顽固一些的污渍,例如指痕等,我们就要使用麂皮、镜头清洗布或镜头纸配合镜头清洗液来进行清洁了。在擦洗时,注意不要用力挤压镜头表面,因为镜头表面覆盖有一层易受损的涂层,很容易因为用力清洁而被擦去。

小贴士

使用清洗液时,应该将清洗液沾在镜头纸上擦拭镜头,而不能将清洗液直接滴在镜头上。

[实训2] 清洁影像感应器

作为相机影像元件的影像感应器,通过使用低通滤镜来防止产生摩尔纹。如果怀疑滤镜上的脏物或灰尘出现在照片中,可以使用设定菜单中的"清洁影像感应器"选项清洁滤镜。任何时候均可使用"立即清洁"选项清洁滤镜,也可以在相机开启或关闭时自动进行清洁。

步骤1:底部朝下水平放置相机,此时清洁影像感应器最为有效,如图8-4-4所示。
步骤2:高亮显示设定菜单中的"清洁影像感应器"并按下▶,如图8-4-5所示。
步骤3:高亮显示"立即清洁"并按下▶,如图8-4-6所示。
清洁过程中,将会显示如图8-4-7所示的信息。
清洁完毕后,将会显示如图8-4-8所示的信息。

图 8-4-4　底部朝下放置相机

图 8-4-5　清洁影像感应器

图 8-4-6　显示"立即清洁"并按下 ▶

图 8-4-7　清洁过程

图 8-4-8　清洁完毕

[知识链接]

数码相机日常使用中的保养

1. 留心固件升级

就像我们不时地对手机进行升级来获得更稳定的性能，数码相机也一样，通过固件（Firmware）的升级，可以提高系统的性能并改善其功能。目前，大部分数码相机的固件采用了可擦写芯片，我们只需要利用一个简单的工具软件以及相应的数据，就可以对数码相机的固件进行升级。

以佳能的 PowerShot 系列相机为例，用户可以首先从佳能公司的网站上查看和下载升级用的固件软件包。解压缩后就会获得一个".fir"文件，这个文件就是相机的最新固件程序。接下来把这个文件拷贝到相机的存储卡中。拷贝文件后，不需要连接电脑，将相机模式转盘保持在播放档，同时确保数码相机有充足的电力支持，可以考虑接上外接电源来保证足够的电能。打开可以在相机上调出播放档的菜单，选择菜单里多出来的"Firm Updated"选项，按下确认键,固件升级就开始执行了。约几十秒后,相机升级完毕,之后会伴随一声清脆的启动声音,液晶显示屏上会出现一个升级成功的提示"Updated already",重新启动相机,整个固件升级工作就完成了。

要注意的是,自行升级相机固件有一定风险,一旦升级中途出现意外,如:突然断电,可能导致相机瘫痪。

2. 存储卡的维护

对于数码摄影而言,存储卡在摄影过程中扮演着相当重要的角色。但是,由于存储卡的使用比较简单,经常会由于用户的粗心而导致存储卡损坏。

保护存储卡的首要原则是,一定只在数码相机已经关闭的情况下安装和取出存储卡。用户常犯的错误是,急着要将储存卡从相机中取出,虽然电源已经关闭,但有些相机的储存速度较慢,或是图档较大要花较长的时间,相机也许看起来已经处于停止状态,但事实上,储存动作仍在继续,这时存到一半的照片毁了不说,还可能造成储存卡的永久毁损。因此,要等到相机的亮灯完全熄灭后再取出储存卡。

其次,平时不要随意格式化存储卡,在使用相机格式化存储卡时,注意相机是否有足够的电量;在使用电脑格式化存储卡时,注意选择准确的格式。通过电脑格式化时,默认的FAT32格式是不正确的,一般数码相机都采用FAT格式。

同时,还需要注意避免在高温、高湿度下使用和存放存储卡,不要将存储卡置于高温和直射阳光下。避免重压、弯曲、掉落、撞击等物理伤害,远离静电、磁场、液体和腐蚀性的物质。

3. 电池的使用和保养

数码相机和传统相机不同,对电力的需求特别大。因此,锂电池和镍氢电池这些可重复使用且电量也较大的电池越来越受到数码相机用户的欢迎。但不论是锂电池还是镍氢电池,各种电池的使用、保存、携带都有很多要注意的地方。

镍氢电池的记忆效应尽管很低但仍然存在,这种效应会降低电池的总容量和使用时间。随着时间的推移,可存储电量会越来越少,电池也就会消耗得越来越快。因此,应该尽量将电力全部用完再充电。如果使用的是锂离子电池,记忆效应的问题就不需要怎么考虑了,每充放一次,就会减少一次电池寿命。

在日常使用过程中,要注意检查电池的电极是否出现氧化的情况,轻度氧化将其擦拭掉就可以,但如果是严重的氧化或脱落的情形,应该立即更换新的电池。同时,为了避免电量流失,需要保持电池两端的接触点和电池盖子内部的清洁,如有需要,可以使用柔软、清洁的干布轻轻地拂拭电池。用小的橡皮擦伸到电池匣里清洁金属触点,但绝不能使用清洁剂等具有腐蚀性的溶液。

另外,当长时间不使用数码相机时,必须将电池从数码相机中或是充电器内取出,并保留约70%的电量,然后存放在干燥、阴凉的环境中,而且不要将电池与一般的金属物品存放在一起。锂离子充电电池在长期保存时,应至少每半年进行一到两次充放电循环。

4. 液晶屏的保护

彩色液晶显示屏是数码相机重要的部件,不但价格昂贵,而且容易受到损伤,因此在使用过程中需要特别注意保护。首先要注意避免彩色液晶显示屏被硬物刮伤,彩色液晶显示屏的表面有的有保护膜,有的没有,没有保护膜的彩色液晶显示屏非常脆弱,任何刮伤都会留下痕迹,可以考虑使用掌上电脑屏幕使用的保护贴纸,这对保护彩色液晶显示屏有一定的作用。

同时还要特别注意避免高温对彩色液晶显示屏的伤害,随着温度的升高,彩色液晶显示屏会变黑,达到一定的温度后,即使温度降到正常的状态,彩色液晶显示屏也无法恢复。而有些彩色液晶显示屏显示的亮度会随着温度的下降而降低,温度相当低时,液晶显示屏显示的亮度将会很低,一旦温度回升,亮度又将自动恢复正常,这属于正常现象。

此外,如果彩色液晶显示屏表面脏了,清洁的方法可以参考清洁镜头的方法,清洁完后,应该用干燥的棉布擦干。

5. 数码相机机身的防护

数码相机在使用过程中,要注意防烟避尘,外界的灰尘、污物和油烟等污染可导致相机产生故障,甚至还会增加相机的调整开关与旋钮的惰性。在使用过程中,机身不可避免地会被灰尘、污物和油烟等污染物所污染,所以需要特别注意机身的清洁。清洁机身,可以使用橡皮吹球将表面的灰尘颗粒吹走,然后将50%的镜头清洁液滴到柔软的棉布上进行擦拭。使用橡皮吹球时,注意机身的细缝是清洁的重点,而擦拭时也需要注意避免液体从细缝渗入相机内部。而且需要特别注意,千万不能轻易使用其他化学物质,如:酒精等许多化学物质都会腐蚀机身表面。

6. 注意温度对相机的影响

数码相机的操作温度是有局限的,不适于在寒冷环境和高温环境下进行拍摄。持续的高温会影响粘合光学透镜的粘合剂,也会影响照相机内的其他部件。而在寒冷的环境下,相机也容易出现润滑剂凝固、机件运转失灵、电池效率降低等问题。

如果要在寒冷的环境下使用数码相机拍摄,在低温下可能需要更多的电量来启动,电池的效率也较低,需要携带额外的电池,同时注意保持电池的温度。

此外,温度骤然变化对数码相机是非常有害的,特别是将相机从低温处带到高温处时,除了可能由于温度的变化产生结露现象引起潮湿甚至发生电路短路问题以外,而且还会使相机出现一些压缩现象,肉眼不易看出但相机内部已经受到伤害。如果数码相机刚从温差很大的地点拿过来,比如在冬天从寒冷的室外拿到温暖的室内,或者在夏天从炎热的室外拿到有空调的室内,应该放置一会儿,等数码相机略微适应温差后再开机,否则有可能出现开机故障。

[拓展训练]

[训练] 清洁数码相机机身

机身的简单清洁频率可以适当提高,建议每次用完后进行。清洁用小工具建议买质量靠谱的正厂名牌。

步骤1:使用气吹将机身表面的灰尘吹干净。使用气吹时,注意机身的细缝是清洁的重点,如图8-4-9所示。

步骤2:用镜头布将相机外部整体擦拭干净。

小贴士

擦机身的布不要用在擦镜头或者取景器上。

图8-4-9 用气吹除尘

图8-4-10 尖头清洁棉棒

步骤3：使用尖头清洁棉棒蘸取少量清洁液，沿按钮或转盘边缘轻轻擦拭。注意，清洁液不要蘸取过多，以免多余的清洁液流入相机内部。不要期望一根棉棒可以完成所有的清洁工作，如果棉棒已经明显变脏，应换用一根新的棉棒继续清洁，避免二次污染，如图8-4-10所示。

步骤4：清洁后，将相机放置在干燥通风且无阳光直射的地方，待其干燥。

[**项目评价**]

序号	评价项目	评价关键点	学生自评	教师评价	配分
1	数码相机基本设置	能正确设置语言、时间			5
		能正确插入存储卡和电池			5
		能正确格式化存储卡			5
		能正确安装镜头			10
2	数码相机的拍摄	能在自动模下完成拍摄照片			25
		能根据场景使用适合的拍照模式			20
3	数码相片的后期处理	能把照片传输到计算机			5
		能对数码相片进行简单后期处理			10
4	数码相机的日常保养	能对机身和镜头进行清洁			10
		知道日常保养常识			5

项目九　数码摄像机的使用与维护

[项目概述]

　　数码摄像机也就是我们俗称的DV。随着数字时代的来临，数码摄像机不再是专业领域的产品，它已迅速进入到普通办公活动中。在办公事务中，数码摄像机已经成为记录影像、进行视频会议的重要设备。数码摄像机是将声、光等信息信号转换为0和1的数字编码并记录在记忆介质上的摄像机。与传统的摄像机相比数码摄像机具有清晰度高、色彩纯正、可以方便地将视频传到电脑中进行加工处理，以及体积小、重量轻等优点。懂得如何使用数码摄像机，并且掌握一定的拍摄技巧，能够拍出高质量的视频，为公司会议、重要人物来访、重大活动留下必要的视频资料，已成为现代办公文员所要掌握的技能之一。

[项目目标]

1. 技能目标

① 能正确使用数码摄像机。
② 会将数码摄像机中的视频输入计算机。
③ 能对视频资料进行简单的编辑。
④ 能清洁数码摄像机。

2. 知识目标

① 认识数码摄像机各部件。
② 懂得数码摄像机的日常维护与保养要点。

任务1　做好拍摄前的准备

[任务目标]

① 能对数码摄像机进行基本设置。
② 熟悉数码摄像机各部件名称。

项目九 数码摄像机的使用与维护

[任务情境]

公司有一台三星 HMX-H205 数码摄像机。工作之余,小方出于对数码产品的偏爱,向办公室陈主任提出借数码摄像机进行研究。陈主任很赞同,公司的许多活动都要用到数码摄像机,把数码摄像机研究好,将来一定会派上用处。

[任务解析]

要学习数码摄像机的使用,首先要对手上的数码摄像机有基本的了解。通过对数码摄像机进行拍摄前的基本设置,可以使我们对各部件名称、功能有个初步的熟悉,方便随后的拍摄活动。在熟悉部件过程中,我们可以以一次正常的拍摄活动前的准备工作为主线,以用到的部件为点展开。以下我们通过对三星 HMX-H205 数码摄像机的基本设置来学习。

[实训 1] 选择语言

选择语言以显示菜单屏幕或消息。即使关闭摄像机电源后,语言设置也会保留下来。

步骤1:点击菜单(MENU),再点击设置(⚙)导航键。

步骤2:点击上(▲)或下(▼)导航键,直到显示"Language",如图9-1-1所示。

步骤3:点击"Language",然后选择所需的OSD语言,如图9-1-2所示。

步骤4:点击退出(✕)或返回(↩)导航键以完成设置。完成设置后屏幕将会以选择的语言显示菜单屏幕和消息。

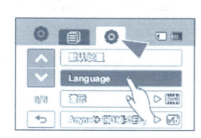

图 9-1-1 显示"Language"

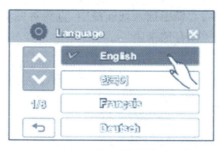

图 9-1-2 选择语言

[实训 2] 设置时区和日期/时间

步骤1:打开LGD屏幕以打开摄像机。一打开LGD面板,电源就会开启。时区("家庭")画面将显示里斯本、伦敦时区。如果不是首次使用,可以从"设置"菜单中设置当前的时区,如图9-1-3所示。

步骤2:在LCD屏幕上点击左(◀)或右(▶)导航键选择地图上的本地区域,然后按(OK)导航键。"日期/时间设置"屏幕将会出现,如图9-1-4所示。

步骤3:点击日期和时间信息,然后使用上(▲)或下(▼)导航键更改设置值。

步骤4:确定已正确设置时钟,然后点击(OK)导航键。设置完毕后的"日期/时间设置"将会出现,如图9-1-5所示。

图 9-1-3　设置时区

图 9-1-4　日期/时间

图 9-1-5　确定时钟

[实训 3] 插入存储卡

步骤 1：打开存储卡盖。
步骤 2：将存储卡插入到插槽中，直到听见卡插入到位的声音为止，如图 9-1-6 所示。
步骤 3：关闭存储卡盖。

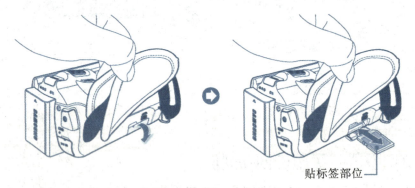

贴标签部位

图 9-1-6　插入存储卡

[实训 4] 使用电池

步骤 1：安装电池。使电池对准电池隔室上的指示符（▲），沿箭头方向推电池，如图 9-1-7 所示。
步骤 2：取出电池。按图 9-1-7 所示方向轻轻滑动电池组卡扣，并取出电池组。

项目九 数码摄像机的使用与维护

图 9-1-7 安装电池

[知识链接]

一、了解数码摄像机部件位置

1. 前方和左侧（如图 9-1-8 所示）

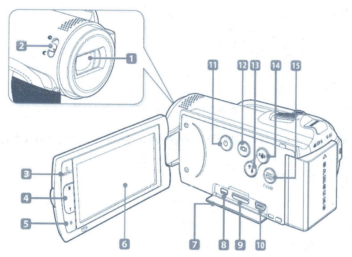

图 9-1-8 数码摄像机部件位置（前/左）

① 镜头；

② 镜头打开/关闭开关；

③ Q. MENU 按钮；

④ 变焦（W/T）按钮；

⑤ 录制开始/停止按钮；

⑥ TFT LCD 屏幕（触摸屏）；

⑦ 插孔盖（AV HDMI ）；

⑧ Component/AV 插孔；

⑨ HDMI 插孔；

⑩ USB 插孔；

⑪ 电源（ ）按钮；

205

⑫ 显示(󰀀)按钮；

⑬ 背光(󰀀)按钮；

⑭ 防震动(OIS)(󰀀)按钮；

⑮ SMART AUTO /IV1FW 按钮。

2. 后方/右侧/顶部/底部（如图 9-1-9 所示）

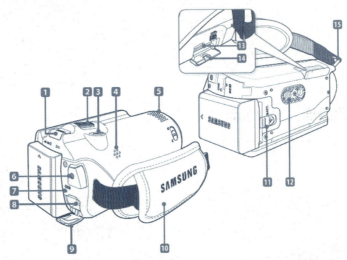

图 9-1-9　数码摄像机部件位置(后方/右侧/顶部/底部)

① MODE 按钮／模式指示灯、󰀀：录制模式(视频/照片)、󰀀：播放模式；

② 变焦(W/T)杆；

③ PHOTO 按钮；

④ 内置扬声器；

⑤ 内置麦克风；

⑥ 录制开始/停止按钮；

⑦ CHG(充电)指示灯；

⑧ DC IN 插孔；

⑨ 插孔盖；

⑩ 手带；

⑪ 电池组卡扣；

⑫ 三脚架插孔；

⑬ 存储卡插槽；

⑭ 存储卡盖；

⑮ 手带挂钩。

二、识别屏幕显示

1. 录制模式（如图 9-1-10 所示）

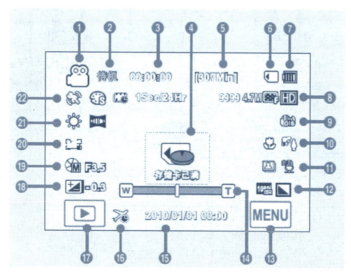

图 9-1-10　录制模式

① 录制模式(视频/照片)；
② 操作模式(待机/●(录制))/自拍定时器；
③ 时间计数器(视频录制时间)；
④ 警告指示符和消息；
⑤ 剩余可录制时间；
⑥ 存储介质(存储卡或内置闪存)；
⑦ 电池信息(剩下电池电量)；
⑧ 照片图像计数器(可录制的照片图像总数)，照片分辨率，视频质量，视频分辨率；
⑨ 防震动(OIS)；
⑩ 远程微距、背光；
⑪ 连续拍摄，风声消除；
⑫ 模拟视频输出(当连接 component/AV 电缆时)，照片清晰度；
⑬ 菜单标签；
⑭ 光学变焦/数字变焦条；
⑮ 日期/时间；
⑯ 时区(访问)；
⑰ 播放导航键；
⑱ 曝光值；
⑲ 手动光圈/手动快门；
⑳ 手动对焦/触摸点调焦；
㉑ 白平衡/淡化器；
㉒ 数字特效/定时拍摄录制。

2. 播放模式（如图 9-1-11 所示）

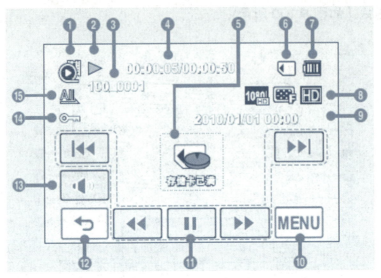

图 9-1-11　播放模式

① 视频播放模式；
② 操作状态（播放/暂停）；
③ 文件名（文件编号）；
④ 播放时间/文件总时间；
⑤ 警告指示符和消息/音量控制；
⑥ 存储介质（存储卡或内置闪存）；
⑦ 电池信息（剩下电池电量）；
⑧ 模拟电视输出（当连接 component/AV 电缆时），视频质量，视频分辨率；
⑨ 日期/时间；
⑩ 菜单导航键；
⑪ 视频播放控制导航键（跳过/搜索/播放/暂停/慢速播放）；
⑫ 返回导航键；
⑬ 音量导航键；
⑭ 保护；
⑮ 播放选项。

[拓展训练]

[训练] 设置操作模式

步骤1：每当按 MODE 按钮时，就会以下面的顺序切换操作模式。

录制模式（ ）←→播放模式（ ）。每次更改操作模式时，相应的模式指示灯就会亮起。

步骤2：在视频或照片录制模式中点击播放（ ）导航键将使操作模式切换到视频或照

片播放模式,如图 9-1-12 所示。

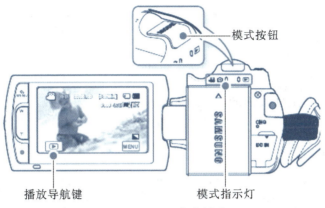

图 9-1-12　设置操作模式

任务 2　拍摄单位活动录像

[任务目标]

① 能进行数码摄像机的基本操作(录制与回放)。
② 熟悉数码摄像机的基本拍摄技巧。

[任务情境]

公司的元旦庆祝晚会即将召开。办公室陈主任在审核节目单时对小方说:"这次活动由你负责全程摄像。以后公司的重大活动,都要注意资料的积累,不仅要有会议记录等这样的书面记录,还要注意保留一些音像资料,作为公司发展的见证。"由于小方研究过数码摄像机的使用,所以她满怀信心地接过任务。

[任务解析]

由于之前有了数码相机的学习经历,所以学习数码摄像机的使用并不难。我们可以通过一次正常的拍摄活动为主线,从使用"初学者轻松入门"功能(SMART AUTO)开始,逐步学习变焦、背光补偿等。前面我们已有了数码相机的学习,大部分经验都可以借鉴过来。下面我们通过对三星 HMX－H205 数码摄像机的基本拍摄来学习。

[实训 1]　使用"初学者轻松入门"功能(SMART AUTO)进行录制

步骤 1:打开 LCD 屏幕,摄像机就会打开,如图 9-2-1 所示。
步骤 2:按 SMART AUTO 按钮,Smart Auto( )和防震动( )指示符将显示在

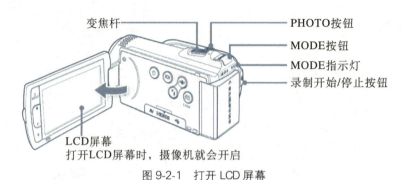

图 9-2-1　打开 LCD 屏幕

LCD 屏幕上,如图 9-2-2 所示。

图 9-2-2　按 SMARTAUTO 按钮

图 9-2-3　自动检测场景

步骤 3：将对象调整在方框中。使用摄像机对焦时,摄像机将自动检测场景,相应的场景图标将显示在 LCD 屏幕上,如图 9-2-3 和图 9-2-4 所示。

WHITE	当录制非常明亮的场景时将会出现
⛰	当录制室外场景时将会出现
💡	当在室内进行录制时将会出现
🌙	当在晚上进行录制时将会出现
🌷	当录制特写时将会出现

图 9-2-4　各类场景图标

步骤 4：按下"开始/停止"按钮,开始录制。

步骤 5：要取消 Smart Auto 模式,再按一次 SMART AUTO 按钮。

步骤 6：再次按下"开始/停止"按钮,停止录制。

[实训 2] 录制视频（高级）

步骤 1：打开 LCD 屏幕开启摄像机。

步骤 2：将镜头"打开/关闭"开关设置为打开（◀）。

步骤3：选择要录制的视频图像的分辨率，按下 MODE 按钮选择录制模式。
① 点击菜单（MENU）导航键，再点击"视频分辨率"，如图 9-2-5 所示。

图 9-2-5　选择视频分辨率

② 点击所需的子菜单项。
③ 要退出菜单，触摸退出（ ✕ ）或返回（ ↺ ）导航键。
步骤4：使用变焦杆或变焦按钮调整拍摄主题的大小，如图 9-2-6 所示。

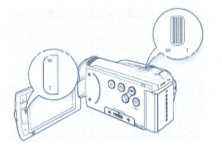

图 9-2-6　变焦杆

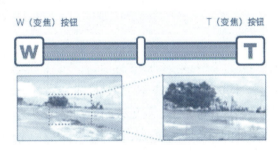

图 9-2-7　（变焦）按钮

① 推近。按 LCD 面板上的 T（变焦）按钮或将变焦杆朝 T（远距）方向滑动。远处的主题将会逐步放大并可录制，就如站在镜头前一样，如图 9-2-7 所示。
② 拉远。按 LCD 面板上的 W（变焦）按钮或将变焦杆朝 W（广角）方向滑动，主题将移远。
步骤5：按下录制"开始/停止"按钮，录制（●）指示符将会出现，录制开始，如图 9-2-8 所示。

图 9-2-8　正在录制(●)

图 9-2-9　录制停止

步骤6：若要停止录制，再次按下录制"开始/停止"按钮，这时快速查看图标将出现在屏幕上，如图 9-2-9 所示。

步骤7：点击快速查看（▶）图标以查看最后一次录制的视频。快速播放完成后，摄像机将返回到待机模式。

步骤8：要关闭摄像机，按电源（⏻）按钮约1秒钟。

小贴士

仅关闭LCD屏幕不会关闭摄像机。

[实训3] 播放录制的视频

步骤1：打开LCD屏幕开启摄像机。

步骤2：使用MODE按钮设置播放模式，或直接通过点击LGD屏幕上的播放（▶）导航键，将操作模式直接切换到播放缩略图显示，如图9-2-10所示。

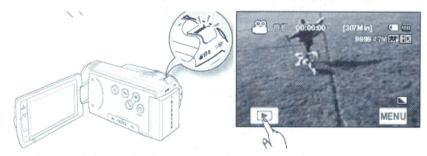

图9-2-10 播放模式

步骤3：点击HD（▶HD）导航键或SD（▶SD）导航键。对应于选择的视频质量的视频缩略图将会出现在屏幕上。要更改当前缩略图视图，可在屏幕上选择 ▦ 、▦ 或 12 导航键。要更改当前的缩略图页面，点击向上（▲）或向下（▼）导航键，如图9-2-11所示。

图9-2-11 选择播放视频

图9-2-12 播放选择的视频

步骤4：选择所需的视频剪辑，将会播放选择的视频，并且播放控制导航键将会显示一小会。点击屏幕上的任何位置时，它们将重新出现。也可以使用"**播放选项**"菜单设置播放设置，如图9-2-12所示。

步骤5：要停止播放并返回到缩略图，点击返回（↩）导航键。

[知识链接]

一、手持数码摄像机的正确方式

用数码摄像机拍摄视频或图片时，应用双手以防止摄像机抖动。拍摄时应尽量避免任何轻微的移动。同时调整拍摄角度，对准拍摄主题进行对焦。拍摄时，建议背着太阳，如图 9-2-13 所示。

① 用双手握紧摄像机。
② 将手带穿过自己的手。
③ 确定已站稳，并且不存在与其他人或物体碰撞的危险。
④ 对准拍摄主题进行对焦。

图 9-2-13　手持数码摄像机的方式

二、数码摄像机的拍摄要领

① 拍摄时要保持数码摄像机稳定，尽量避免边走边拍。机器重心应放在腕部，双腿跨立，稳住身体重心。如果拍摄时间较长，在拍摄中则应该尽量寻找可以依靠的物体（如：墙壁、柱子、树木等）。在拍摄日出、瀑布等画面时，应使用三脚架进行支撑。在参观博物馆或名人故居等人文景观时，可采用慢步拍摄来达到一种连续跟拍的效果。

② 对一个场景拍摄时间要恰到好处。如果一个镜头拍摄时间太短，则内容一晃而过不容易看清；而如果拍摄时间过长，则会影响观赏效果。因此每个镜头的时间长度需要仔细掌握，一般控制为：特写 3~4 秒，中近景 4~5 秒，中景 5~6 秒，全景 7 秒，特大全景 7~11 秒，一般镜头拍摄以 4~6 秒为宜。

③ 取景要保持水平。使用数码摄像机拍摄的画面如果倾斜严重，在使用电视机或电脑采集播放时会影响观看效果。因此拍摄过程中，应确保取景中的水平线（如：地平线）及垂直线（如：电线杆、大楼）和取景器的边框保持平行。

④ 尽可能避免逆光拍摄。逆光拍摄很容易使高光部分过度曝光，而阴影部分看不清楚，结果细节全部丢失。摄影者应尽量让太阳在自己的背后。如果机位受到其他因素和地理的干扰，可以采用被拍摄者、拍摄者和太阳成一个三角状态的拍摄方式。如果数码摄像机有逆光补偿功能，应该在逆光状态下及时开启该功能。

⑤ 适时变焦拍摄。数码摄像机和数码相机一样具有变焦镜头，不同之处是摄像机可以在拍摄的同时进行变焦，从而使拍摄的画面更有层次感。

⑥ 选择合适的构图方式和拍摄角度。人类的视觉会因眼前的景物不同，而产生心理上不同的感受，所以构图方式和拍摄角度的差异会带给我们视觉上不同的感受，至于如何运用就要取决于拍摄者对眼前事物的看法。在平时的拍摄中只要稍加留意，多尝试各种构图方式和不同角度的拍摄，就会拍摄出优秀的影片。

⑦ 防止曝光过度或不足。当拍摄有强光源或明暗对比太强烈的景物时，会出现明亮部分的曝光量合适，而另一部分却曝光不足的现象。遇到这种情况最好适当调整一下构图，减少过

亮处在画面中所占的比例,并改用手动光圈方式,按照所要表现的人物或景物来调整光圈,校正曝光量。当光线不足时,拍摄的影像会发暗,因此最好增加照明或使用摄录灯。

[拓展训练]

[训练1] 使用背光补偿模式

当从主题的背面照亮主题时,使用背光补偿模式将补偿光照,使主题不会太暗。当被摄主题比背景暗时,从后面照过来的光源会影响录制。

① 被摄主题在窗户前。

② 被摄人物穿着白色或者明亮的衣服并且所处的位置背景光明亮,人物的脸色太暗以致于不能够很好地辨别其容貌,如图9-2-14所示。

图9-2-14 背光补偿

③ 被摄主题在户外并且背景较亮,例如以雪地为背景。

步骤1:按下MODE按钮,选择录制模式。

步骤2:按下背光( )按钮以在"打开"和"关闭"之间切换背光模式,如图9-2-15所示。

图9-2-15 切换背光模式

[训练2] 调整白平衡

白平衡(WB)是除去无真实感的色偏,使得白色的物体在照片中呈现为正常的白色。正确的白平衡必须考虑光源的"色温",即白光的相对冷暖程度。

在自动模式下,摄像机会自动调整主题的颜色。但有时根据主题和光照条件,也可以采用手动调整白平衡进行录制。

步骤1：按下 MODE 按钮选择录制模式。
步骤2：点击菜单（MENU）导航键，再点击"白平衡"，如图 9-2-16 所示。
步骤3：选择所需的子菜单项，手动设置白平衡，如图 9-2-17 所示。
步骤4：要退出菜单，点击退出（✕）或返回（↶）导航键。

图 9-2-16　点击"白平衡"

图 9-2-17　设置白平衡

任务 3　对录像视频进行简单编辑

[任务目标]

① 能对录像视频进行简单编辑。
② 能把数码摄像机中的视频传输到计算机。

[任务情境]

小方完成了公司元旦庆祝晚会的拍摄任务。办公室陈主任在审核录像时，对小方说："这些拍摄的视频比较粗糙，某些片段需要进行合并和裁切才能作为完整的音像资料保存。"她要求小方对录像视频进行简单编辑后，再把视频传输到计算机中保存。

[任务解析]

对视频片段进行合并和裁切，是视频编辑中最基本的工作。一般数码摄像机都具有对视频片段进行合并和裁切的功能。我们只要认真研究数码摄像机的使用说明书，按步骤操作即可。当然，我们也可以先把视频片段传输到计算机中，通过相应的视频编辑软件进行这项工作。

[实训1]　分割视频

可以将一个视频分割成两个，并可以轻松删除不必要的部分。如果录制内容重要，必须单独备份后再进行视频分割。

步骤1：设置存储介质。点击 LCD 屏幕上的播放（▶）→HD（▶HD）或 SD（▶HD）导航键。

步骤2:依次点击菜单(MENU)导航键、"编辑"、"分割",如图9-3-1所示。

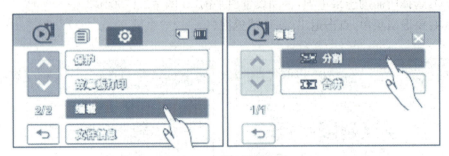

图9-3-1 进入视频分割

步骤3:选择所需视频,摄像机将会以暂停方式播放选择的视频。
步骤4:点击播放控制导航键 ▶ / ⏸ / ⏪ / ⏩ / ◀ / ▶ 搜索分割点。
步骤5:在分割点点击暂停(⏸)导航键,然后点击剪切(✂)导航键,如图9-3-2所示。此时将出现一条消息,要求确认。

图9-3-2 确定分割

> **小贴士**
>
> 如果存储器上的可用空间不足,则分割功能无法正常工作。将视频分割成两个时,只有第一个视频剪辑会再次存储在播放列表中。

步骤6:选择"是",所选视频分为两个视频剪辑。分割的视频的第二个剪辑显示在缩略图的后面。分割后,就可以删除不必要的部分或者与其他视频合并。

[实训2] 合并视频

合并2个不同的视频时会编辑原始文件,如果录制内容重要,必须单独备份后再进行视频合并。

步骤1:设置存储介质。点击LCD屏幕上的播放(▶),再点击HD(▶HD)或SD(▶HD)导航键。
步骤2:依次点击菜单(MENU)导航键、"编辑"、"合并",如图9-3-3所示。
步骤3:选择要合并的视频缩略图。(✓)指示符和选择顺序的编号将显示在选择的视频上。点击视频缩略图会使图像在选中(✓)状态或未选中状态之间切换。如果所选视频文件的分辨率不相同,则(✓)指示符不会出现。

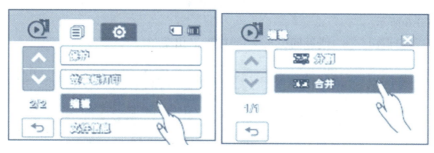

图 9-3-3 进入视频合并

步骤 4：点击（ OK ）导航键，将出现一条消息，要求确认，如图 9-3-4 所示。

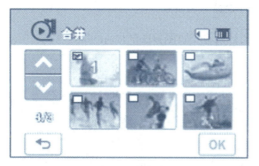

图 9-3-4 确定合并

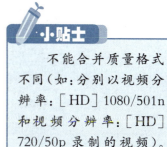

小贴士

不能合并质量格式不同（如：分别以视频分辨率：[HD] 1080/50i n 和视频分辨率：[HD] 720/50p 录制的视频）。另外，所合并视频文件的总大小不能超过 1.8 GB。

步骤 5：选择"是"，将以所选顺序合并五个视频并存储为一个视频，合并的视频将显示在缩略图末尾。

[实训 3] 将存储在摄像机中的视频和照片下载到计算机的硬盘中

如果将"计算机软件"设置为"打开"，只要在摄像机和计算机之间连接 USB 电缆就可以使用计算机软件。可以将存储在摄像机中的视频和照片图像下载到计算机的硬盘中。还可以使用计算机软件编辑视频和照片文件。

步骤 1：点击菜单（MENU）项设置（ ）导航键，选择"计算机软件"。

步骤 2：点击"打开"，如图 9-3-5 所示。

图 9-3-5 打开"计算机软件"

步骤 3：点击菜单（MENU）项设置（ ）导航键，选择"USB 连接"。

步骤4:点击所需的子菜单项。在系统设置菜单选项中将"USB连接"设置为"大容量存储",如图9-3-6所示。

步骤5:点击退出( )或返回( )导航键退出菜单。

图9-3-6 设置"USB连接"

步骤6:使用USB数据线连接摄像机和计算机,如图9-3-7所示。

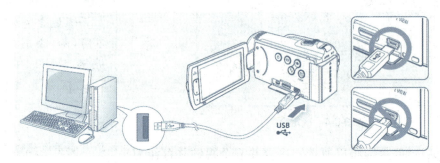

图9-3-7 USB数据线连接摄像机和计算机

① Intelli-studio主窗口中将出现新文件保存屏幕。
② 根据计算机类型,相应的可移动磁盘窗口将会出现。

步骤7:摄像机屏幕上显示"计算机软件正在操作"——"USB已连接"。

步骤8:电脑自动识别后弹出Intelli-studio软件提示框,点击"运行iStudio.exe"(如电脑不能自动识别,可手动双击名称为Intelli-studio的磁盘驱动器),如图9-3-8所示。

步骤9:Intelli-studio软件开启,在"连接的设备"中可查看摄像机中的文件,并可把它们移至电脑硬盘中保存,如图9-3-9所示。

图9-3-8 安装Intelli-studio

图9-3-9 "连接的设备"中查看

步骤10:完成数据传输后,按照以下方式拔下电缆:

① 单击任务栏上的"安全删除硬件" 图标。
② 选择"USBIMass Storage Device",然后单击"停止"。
③ 如果出现"停用硬件设备"窗口,单击"确定"。
④ 从摄像机和计算机上拔下 USB 电缆。

[知识链接]

常用视频编辑软件介绍

视频编辑软件是将图片、背景音乐、视频等素材经过编辑后生成视频的工具。视频编辑软件的另一个重要技术特征在于,除了具有图片转视频的技术,优秀专业的视频编辑软件,还能为原始图片添加各种多媒体素材,制作出图文并茂的展示视频,譬如,为图片配音乐、添加 MTV 字幕效果、各种相片过渡转场特效等等,这些都是优秀的视频编辑软件必须具有的显著特征。

① Adobe Premiere9。这是视频编辑爱好者和专业人士准备的必不可少的编辑工具。它可以提升编辑者的创作能力和创作自由度,是一款易学、高效、精确的视频剪辑软件。Premiere 提供了采集、剪辑、调色、美化音频、字幕添加、输出、DVD 刻录的一整套流程,并和其他 Adobe 软件高效集成,足以完成在编辑、制作、工作流上遇到的所有挑战,满足编辑者创建高质量作品的要求。

② 会声会影(Corel VideoStudio)。其主要的特点是:操作简单,适合家庭日常使用,拥有完整的影片编辑流程解决方案,从拍摄到分享,新增处理速度加倍。它不仅符合家庭或个人所需的影片剪辑功能,甚至可以挑战专业级的影片剪辑软件。适合普通大众使用,操作简单易懂,界面简洁明快。该软件具有成批转换功能与捕获格式完整的特点,虽然无法与 Adobe Premiere 等专业视频处理软件媲美,但以简单易用、功能丰富的作风赢得了良好的口碑,在国内的普及度较高。

会声会影的影片制作向导模式,只要三个步骤就可快速做出 DV 影片,入门新手也可以在短时间内体验影片剪辑;同时会声会影编辑模式从捕获、剪接、转场、特效、覆叠、字幕、配乐,到刻录,可全方位剪辑出好莱坞级的电影。

③ 视频剪切合并器。这是一款剪切视频文件非常简单,免费下载的视频剪切工具。它可以对添加的音视频文件进行剪切,如:对 AVI、FLV、MOV、MPEG、3GP、WMV 等视频格式进行任意时间段的剪切,还支持多个视频文件的合并。视频剪切合并器操作非常简单,只需要将视频文件用视频剪切合并器打开,选择好想剪切的视频起始位置和结束位置,点击"确定"按钮即可。

[拓展训练]

[训练1] 数码摄像机连接数字电视机显示

一般数字电视机都有 HDMI 接口,可以在摄像机中设置 HDMI 视频输出,配合所连接的电视。

步骤1:使用 HDMI 电缆将摄像机连接至数字电视机。

步骤2:点击菜单(MENU)设置( )导航键,选择"HDMITV 输出",如图 9-3-10 所示。

　　图 9-3-10　HDMI TV 输出　　　　　图 9-3-11　输出格式

步骤 3：点击所需的子菜单项，如图 9-3-11 所示。

① 自动：以录制的文件所用的格式输出视频信号。仅当连接到 HDTV 时才使用此设置。

② 576p：录制的文件以 720×576p 格式输出。仅当使用 HDMI 插孔连接至支持在 SD（标准清晰度）级别支持逐行扫描的普通 TV 时，才使用此设置。

步骤 4：要退出菜单，可点击退出（）或返回（ ）导航键。

[训练 2]　利用"视频剪切合并器"软件进行视频剪切合并

"视频剪切合并器"的操作界面如图 9-3-12 所示。

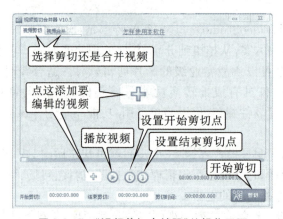

图 9-3-12　"视频剪切合并器"的操作界面

1. 视频剪切

步骤 1：单击操作界面上的"添加视频文件"按钮，打开视频文件。

步骤 2：拖动进度条到要开始剪切的时间点，单击"设置开始切割点"按钮，拖动进度条到结束剪切的时间点，单击"设置结束切割点"按钮，如图 9-3-13 所示。

> **小贴士**
> 也可以直接在开始剪切点和结束剪切点输入时间后开始剪切。

图 9-3-13　设置切割点

项目九 数码摄像机的使用与维护

步骤3：单击"开始剪切" 按钮。

小贴士

如果视频直接剪切后有问题，选择间接剪切就能解决了，如图9-3-14所示。

图9-3-14　选择间接剪切

2. 视频合并

步骤1：点击操作界面上的"视频合并"，进入视频合并界面，如图9-3-15所示。

步骤2：点击 ➕ 添加要合并的视频文件。

小贴士

注意顺序，先添加的文件合并后也在前面。

添加视频
删除视频
开始合并

小贴士

视频合并支持任意不同视频格式之间的合并，比如可以把FLV格式和MP4格式的视频合并在一起。

图9-3-15　视频合并界面

步骤3：单击"开始合并" 按钮。

任务4　数码摄像机日常保养

[任务目标]

① 能用正确的方式清洁数码摄像机的镜头、显示屏和机身。
② 了解数码摄像机使用中的保养要点。

[任务情境]

一次完成拍摄任务后。小方在观看录制的视频时,发现液晶显示屏表面有许多灰尘,就随手拿出随身携带的餐巾纸准备擦起来。刚好陈主任看到,连忙阻止小方说:"我记得摄像机的屏幕是不可以随便用餐巾纸擦的,你还是先看看使用说明书"。

[任务解析]

对数码摄像机的镜头、显示屏和机身进行清洁保养,是数码摄像机日常保养中最基本的工作。一般数码摄像机的清洁保养可以参照数码相机的清洁保养进行。当然,我们事先要认真研究数码摄像机的使用说明书,注意要点,按步骤操作即可。同时,我们也要了解数码摄像机日常使用中的注意事项,规避操作不当对数码摄像机的损伤。

[实训1] 摄像机镜头的清洁

镜头是数码摄像机的关键部件,需要格外精心保护。可在镜头外加装一个UV镜,可以防尘,防止划伤。镜头的清洁应当用软刷(如:貂毛制的画笔)或吹气球来清除灰尘。然后用镜头布稍微打湿一下,也可以对着镜头哈口气,以画圆的方式,轻轻擦镜头表面,最后用镜头纸以同样的方式擦干。棉纸不要反复使用,手法要轻。指纹印对镜头损害很大,应尽快将其清除,不用镜头的时候切记盖上镜头盖。

小贴士

千万不要随手拿一张餐巾纸或者撩起衣服的一角用力擦。这无异于拿一张砂纸在光滑的镜头表面打磨,对镜头的伤害将远远超过了那些污垢。

步骤1:准备一双防静电手套,一来清洗剂会沾在手上不好清理,而且这样才不会让你的清洁工作因为手上的油脂而前功尽弃。清洁的地点要尽量选择在无尘、干燥、无静电的环境。

步骤2:先用气吹把尘埃吹走,或用软刷(镜头笔),如:貂毛制的画笔来清除灰尘,如图9-4-1所示。

图9-4-1 清除浮尘

图9-4-2 使用擦镜布拭去污迹

步骤3:使用擦镜布(麂皮)或者镜头纸轻轻地拭去中等程度顽固污迹。过程中基本不施压,擦拭过程方向为由镜头中心向外螺旋式,如图9-4-2所示。

长时间地使用同一块擦镜布（麂皮）并不能起到清洁的作用，一般来说最多使用5次就应该换新的。

步骤4：对于顽固一些的污渍，例如指痕等，就要使用麂皮、镜头清洗布或镜头纸配合镜头清洗液来进行清洁了。在擦洗时，注意不要用力挤压镜头表面，因为镜头表面覆盖有一层易受损的涂层，很容易因为用力清洁而被擦去。

使用清洗液时，应该将清洗液沾在镜头纸上擦拭镜头，而不能够将清洗液直接滴在镜头上。不能用沾有酒精的柔布或棉花棒擦拭镜头，那样会让镜头变色，从而让拍摄出的画面严重偏色。

步骤5：不要忘记顺便擦拭一下防护罩的内侧。由于在拍摄过程中，防护罩的内侧容易黏灰尘，所以在清洁镜头时，应顺便擦拭防护罩的内侧。

步骤6：清洁完后，待镜头湿汽散尽后再盖上镜头盖。

[实训2] 液晶显示屏的清洁

步骤1：在清洁之前，关闭摄像机并取出电池组和交流电源适配器。

步骤2：先用气吹把尘埃吹走，或用软刷（如：貂毛制的画笔）来清除显示屏表面灰尘，如图9-4-3所示。

图9-4-3 清除表面灰尘

图9-4-4 用柔软的干布擦拭

步骤3：用柔软的干布或者蘸有镜头清洗液的镜头纸小心地从屏幕中心向外擦拭，擦拭时力度要轻，否则显示屏屏幕会因此而短路损坏，如图9-4-4所示。

步骤4：每次清洁完后，待湿汽散尽后，再将摄像机装入摄像机机套和背袋中保存。若两三个月不使用，最好放入塑料袋加些干燥剂封紧袋口保存。

[知识链接]

数码摄像机的日常保养

1. 注意防潮

潮湿是摄像机的大敌,高度的潮湿会造成摄像机内部的金属部分生锈,电路部分短路,镜头部分的镜片发霉。因此,在存放摄像机的包里最好能放一些干燥剂;冬天将摄像机从寒冷的环境带入温暖的环境里时,最好先将机器放置 30 分钟再使用。切勿将摄像机暴露于温度或湿度突然变化的地方。在海滩、游泳池或雨中使用摄像机时,应使其避免溅水,否则会有故障或触电的危险,如图 9-4-5 所示。

图 9-4-5　注意防潮

2. 注意防震

振动会对摄像机的机械部分产生不良影响。数码摄像机机械部分十分精密,有的机械元件厚度不到 0.5 毫米,而其导柱的定位精度是以微米计算的,强烈的振动有可能会造成机械错位,甚至电路板松脱。所以切勿在严重振动或撞击的地方掉落或暴露摄像机、电池组、交流电源适配器或其他附件。也不要在这样的地方将摄像机放在三角架上使用,如图 9-4-6 所示。

图 9-4-6　注意防震

3. 避免高温

不要让摄像机直接暴露在高温下,要避免阳光的照射,避免镜头直对阳光或强光源,以免损伤光学器件。数码摄像机内拥有大量数字电路,过多的热量积累会对电路部分的焊接点造成不良影响。所以切勿在太阳直射或加热设备附近使用摄像机,也不要将摄像机放在温度长时间过高的密闭车辆内,如图 9-4-7 所示。

图 9-4-7　避免高温

4. 注意对 LCD 液晶屏的保护

数码摄像机使用中不要握住 LCD 显示器来提起摄像机，LCD 显示器可能会拆离，从而导致摄像机跌落。切勿使打开的 LCD 屏幕向下放置摄像机，如图 9-4-8 所示。

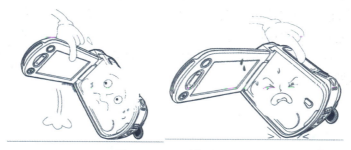

图 9-4-8　LCD 错误放置

不使用摄像机时不要让 LCD 显示器开着。切勿用力按压 LCD 表面，或使用尖锐的物体击打或刺戳。如果按压 LCD 表面，可能会在显示时出现不平现象，如图 9-4-9 所示。

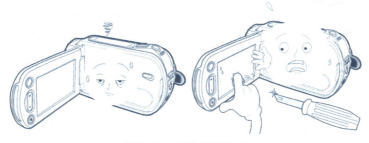

图 9-4-9　LCD 错误使用

5. 远离磁场和电场

数码摄像机是电子技术与光学技术相结合的高科技设备，它的关键部件对强磁场和电场都很敏感，它们会影响数码摄像机的正常使用，导致拍摄画面的质量下降。因此，应避免摄像机靠近有强磁场的物体，例如大功率电动机、变压器、扬声器、磁铁以及各种家电等，如图 9-4-10 所示。

图 9-4-10　远离磁场和电场

[拓展训练]

[训练]　清洁数码摄像机机身

机身的简单清洁频率可以适当提高,例如每次用完后。在清洁之前,请关闭摄像机并取出电池组和交流电源适配器。

步骤 1:使用气吹将机身表面的灰尘吹干净。使用气吹时,注意机身的细缝是清洁的重点,如图 9-4-11 所示。

步骤 2:用柔软的干布轻轻擦拭。清洁时请勿过度用力,应轻轻擦拭表面,如图 9-4-12 所示。

　小贴士

不要使用苯或稀释剂来清洁摄像机,机身的涂层会脱落或外壳表面会被损坏。擦机身的布不要用在擦镜头或者是取景器上。

图 9-4-11　用气吹除尘

图 9-4-12　用干布擦拭

步骤 3:如果有顽固污渍,可用镜头纸蘸取少量清洁液擦去,注意,清洁液也不要蘸取过多,以免多余的清洁液流入相机内部。

小贴士

切勿使用清洁液或类似的化学药品,勿直接在摄像机上喷洒清洁剂,如图 9-4-13 所示。

图 9-4-13　避免化学药品

步骤 4:清洁后,将摄像机放置在干燥通风且无阳光直射的地方,待其干燥。

[项目评价]

序号	评价项目	评价关键点	学生自评	教师评价	配分
1	数码摄像机基本设置	能正确设置语言、时间			5
		能正确插入存储卡和电池			5
		正确设置操作模式			5
2	数码摄像机的拍摄	能在自动模式下完成拍摄录像			25
		根据不同场景调整视频分辨率			10
		能在拍摄时运用变焦、白平衡			10
3	数码摄像机的简单编辑	能把视频传输到计算机			5
		能对视频片段进行简单分割、合并			15
		初步掌握一种视频处理软件			5
4	数码摄像机的保养	能正确清洁数码摄像机			10
		知道数码摄像机日常保养要点			5

项目十 装订机和碎纸机的使用

[项目概述]

装订机是办公室常用的设备之一。通常的会议资料、文书档案等都需要办公室文员进行整理装订。梳式装订机是所有装订机中使用成本最低的一种,简单、易拆卸,可多次重复装订使用,比较适用于小型办公室或一般会议文件的装订。

信息销毁是维护信息安全的最后一道程序。合理、安全的信息销毁离不开信息销毁设备。信息销毁设备是打好信息安全战役必备的武器之一。碎纸机是销毁办公室涉密文件、资料的必备设备,能避免因焚烧文件而引起的安全隐患。

[项目目标]

1. 技能目标
① 会使用梳式装订机进行胶圈、夹条和自锁条装订。
② 会使用碎纸机粉碎文件、光盘和磁卡。

2. 知识目标
① 了解梳式装订机各个部件的名称及作用。
② 了解装订机的种类。
③ 了解碎纸机的安全使用注意事项。

任务1 装订会议资料

[任务目标]

① 能使用梳式装订机进行胶圈装订会议资料。
② 能完成夹条和自锁条装订文本资料。

[任务情境]

公司要召开年度总结会,有一批会议资料要装订成册。办公室有一台带抽刀设计的梳式装订机,这个任务就落在小方身上。小方在校期间就帮助学校装订过文秘年会会议资料,当时用的就是梳式装订机。因此,她对完成这个任务充满信心。

[任务解析]

梳式装订机操作的关键首先是定位调节滑块的调节,其次是根据纸张数量,选择大小不同规格的拉圈,通过几步简单的操作就可以装订出精美的会议资料册。梳式装订机装订文本时,要注意梳式装订机的最大打孔页数,如果梳式装订机有抽刀设计、免打孔功能,可在不要打孔的地方将对应的抽刀杆抽出。本次任务使用的是得力3873重型梳式装订机,具备胶圈、夹条两用功能。

[实训1] 胶圈装订

步骤1:根据对应的胶圈,把定位调节滑块调节到纸张大小的位置上固定住,再调节边距调节滑块,如图10-1-1所示。

步骤2:将纸张整理整齐,左边贴近定位调节滑块,将纸张平行送入机器内,顶到位为止,如图10-1-2所示。

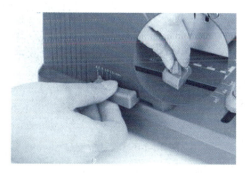

图 10-1-1　调节定位滑块

图 10-1-2　纸张平行送入

步骤3:左手压住纸张,右手下压打孔手柄,往下压至刀片穿透纸张,再将手柄返回原位,如图10-1-3所示。

步骤4:将打好孔的纸张平稳拿出,如出现挂纸现象,重复将手柄压下,再往上提到位就可将纸张拿出来,如图10-1-4所示。

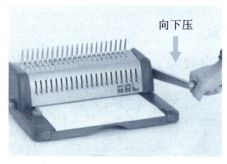

图 10-1-3　打孔

图 10-1-4　拿出纸张

步骤5:根据纸张数量,选择大小不同规格的拉圈,将胶环拉圈置于梳妆板后面,开口向上,如图10-1-5所示。

步骤6:向后推手柄,慢慢地拉开胶环拉圈,如图10-1-6所示。

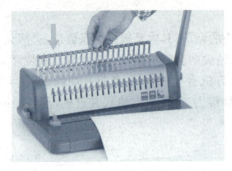 

图10-1-5　放置拉圈　　　　　　　图10-1-6　拉开拉圈

步骤7:将打好孔的文件套在胶环拉圈上,如图10-1-7所示。

步骤8:将手柄拉回,收紧拉圈口,如图10-1-8所示。

图10-1-7　文件套在拉圈上　　　　图10-1-8　收紧拉圈口

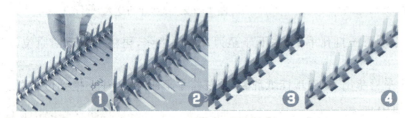

图10-1-9　拉圈拉开、收紧过程

整个胶环拉圈拉开、收紧过程如图10-1-9所示。

步骤9:取出文件,装订完毕,如图10-1-10所示。

图10-1-10　拉圈装订成品

[实训 2] 夹条装订

步骤 1:将 1、3、5、7、9、11、13、15、17、19、21 孔抽刀杆推出,这样对应 10 孔夹条,如图 10-1-11 所示。

步骤 2:放入文本时(10 页一组横向背面朝上),左边贴近定位调节滑块,前方顶到头,拉下手柄,就把孔打好了,如图 10-1-12 所示。

图 10-1-11　推出抽刀杆

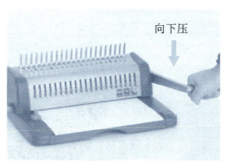

图 10-1-12　打孔

步骤 3:找出合适尺度的夹条(尺寸:3 mm、5 mm、7.5 mm、10 mm、12.5 mm、15 mm、17.5 mm、20 mm)。取出已打好 10 个孔的纸张,放入装订夹条中,如图 10-1-13 所示。

步骤 4:夹条相扣。用手压夹条,在压的过程中每扣一齿,应该能听见"啪"一声,证明夹条已经合槽,不会脱开,如图 10-1-14 所示。

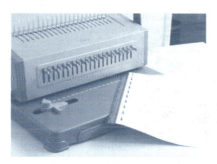

图 10-1-13　纸张对口放入夹条中

图 10-1-14　夹条相扣

步骤 5:检查无误后,装订完毕,如图 10-1-15 所示。

图 10-1-15　夹条装订成品

[知识链接]

一、梳式装订机的部件名称和使用功能

1. 部件名称（如图 10-1-16 所示）

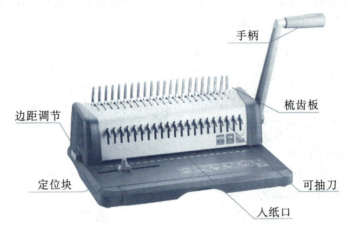

图 10-1-16　梳式装订机部件名称

2. 使用功能（如图 10-1-17 所示）

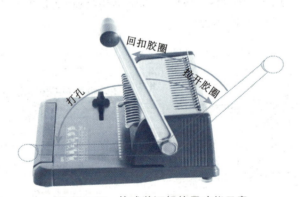

图 10-1-17　梳式装订机使用功能示意

二、梳式装订机的抽刀功能

装订机在打孔时候，可将其抽刀杆抽出，被抽出的孔打孔后则打空，如图 10-1-18 所示。

抽刀的作用：

① 抽刀功能适用在装订小于 A4 规格的纸张（如：16K\B5）。因为纸张特规，在打孔后会出现最后一个孔打出半个孔。若使用抽刀功能，将最后一个孔抽刀杆推出，这样最后一个孔就不打出，也不会出现打出半个孔的情况，这样可保证文本

图 10-1-18　抽刀示意

②装订机是21孔,若是用10孔夹条装订,可将1、3、5、7、9、11、13、15、17、19、21孔抽刀杆推出。这样只打出10孔夹条所对应的10个孔,较省力。

③装订机是21孔,若是用7孔自锁条装订,可将第1、3、4、6、7、9、10、12、13、15、16、18、19、21孔抽刀杆抽出。这样只打出7孔自锁条所对应的7个孔,达到纸张打孔省力效果。

三、适合梳式装订机的胶条

① 装订胶圈,如图10-1-19所示。
② 装订夹条,如图10-1-20所示。
③ 装订自锁条,如图10-1-21所示。

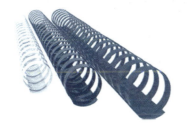

图 10-1-19　胶圈

图 10-1-20　夹条

图 10-1-21　自锁条

四、圆形胶圈规格(如图10-1-22所示)

胶圈内直径(mm)	可放纸张数(sheets)
6	1～20
8	20～40
10	40～60
12	60～80
14	80～120
16	120～140
18	140～160
20	160～180
22	180～210
25	210～240
29	240～270
32	270～300
38	300～360
45	360～420
51	420～500

图 10-1-22　胶圈规格

[拓展训练]

[训练] 自锁条装订

步骤1：将文本放入装订机里打孔，取出文件，如图10-1-23所示。

步骤2：剪开7孔自锁条，如图10-1-24所示。

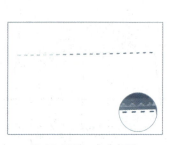
图10-1-23　文本打孔

图10-1-24　剪开7孔自锁条

步骤3：将文件套入自锁条，如图10-1-25所示。

步骤4：将自锁条锁上，压紧，如图10-1-26所示。

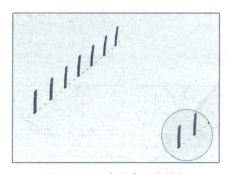
图10-1-25　文件套入自锁条

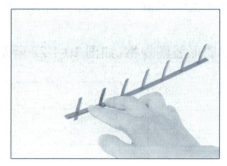
图10-1-26　自锁条锁上

步骤5：剪掉自锁条多余的齿，如图10-1-27所示。

步骤6：装订完成，如图10-1-28所示。

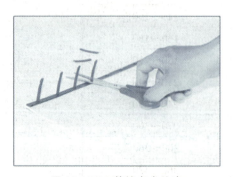
图10-1-27　剪掉多余的齿

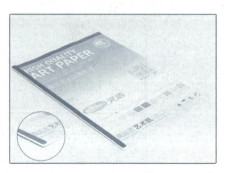
图10-1-28　成品

任务 2 粉碎应聘者简历

[任务目标]

① 能安全使用碎纸机粉碎纸质简历。
② 能使用碎纸机粉碎光盘和报废银行卡。

[任务情境]

公司要招聘两名销售人员,收到了 32 个应聘人的简历。现在录用工作已经结束,录取的两名应聘人员简历存档,剩下的 30 人的简历需要销毁。这样做一则保护了应聘人员的隐私,另外也是保护公司形象,使公司免遭纠纷。陈主任把粉碎简历的任务交给了小方,要她利用碎纸机销毁简历。

[任务解析]

现在的碎纸机,技术含量高,可大量粉碎纸质文本的同时,还可粉碎光盘、银行卡等涉密物品。一般碎纸机都带有前进、后退、停止、满纸停机等功能,有的还带电机过热保护功能、储纸箱分区、储纸箱未关自动断电、超负载自动停机功能等功能。因此,使用者操作起来很是方便,只要注意不违规操作、损坏机器、确保安全即可。

[实训 1] 使用碎纸机粉碎纸质简历

步骤 1:接通电源。将碎纸机插头接通至额定电源,打开电源按钮,指示灯亮,机器处于工作状态。

步骤 2:将简历放在入口处,机器开始自动进纸。页数不得超过 5 页,最好是小于 5 页。碎纸过程如图 10-2-1 所示。

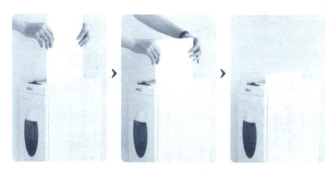

小贴士

请勿将胶带、复写纸、织物、塑料薄膜等放入机器内粉碎,以免机器发生故障。

图 10-2-1 碎纸过程

步骤 3:若连续三分钟左右还没粉碎完毕,请休息 4 到 5 钟后继续粉碎。由于简历数量比较多,因此可能在五分钟内难以全部粉碎完,而这时机器需要休息,否则机器会因为过度工作而产生故障。

步骤 4：使用完毕后，关闭电源，拔掉电源插头。

[实训 2] 使用碎纸机粉碎光盘

步骤 1：打开电源按钮，指示灯亮，机器处于工作状态。

步骤 2：竖起碎卡处的盖板，露出碎盘口，将光盘放在入口处，机器开始自动进盘，碎盘过程如图 10-2-2 所示。

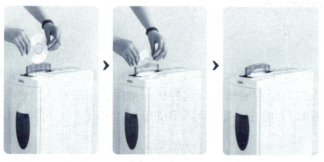

图 10-2-2　碎盘过程

小贴士

碎盘过程中一次只能放进一张光盘。

步骤 3：若连续三分钟左右光盘还没粉碎完毕，应休息 4 到 5 钟后继续粉碎。

步骤 4：使用完毕后，关闭电源，拔掉电源插头。

[知识链接]

一、碎纸机的基本部件名称和使用功能（如图 10-2-3 所示）

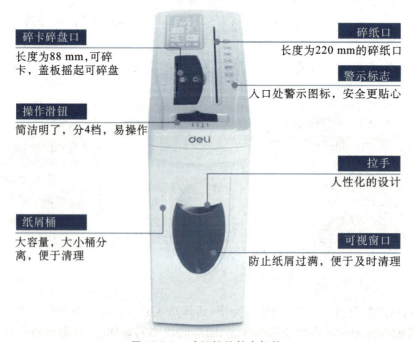

图 10-2-3　碎纸机的基本部件

二、碎纸机的控制操作面板部件功能（如图 10-2-4 所示）

① 滑动按钮，分为正面、反面、自动、停止 4 档。
② 碎卡、碎盘口。
③ 盖板，盖上碎卡，摇起可碎光盘。
④ 碎纸口，长度为 220，可最多一起碎 5 张 A4 大小纸。
⑤ 功能说明标签。
⑥ 警示标签。

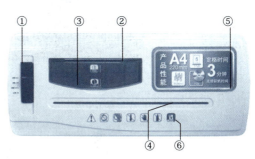

图 10-2-4　控制操作面板

三、碎纸机上的警示标记

危险！切勿让儿童使用。机器内部有刀刃，以免造成伤害。

危险！切勿用手触摸纸张投入口或排出口的刀刃部分，机器内部有刀刃，以免造成伤害。

勿将领带、项链、衣袖等卷入进纸口。如不慎卷入，请按住"反转/REV"钮，然后除去。

勿将头发卷入进纸口。如不慎卷入，请按住"反转/REV"钮，然后除去。

勿将大头针、回形针投入进纸口。如不慎卷入，请按住"反转/REV"钮，然后除去。

危险！切勿损伤或加工电源线，勿在电线上放置重物，以免引起火灾或触电。万一发生冒烟或异臭等异常状况，应立即切断电源，终止使用。

四、纸张、光盘、银行卡的粉碎效果（图如 10-2-5 所示）

碎纸效果为 4×28 mm S3 保密等级；碎卡效果为 5 段；碎盘效果为 5 段。

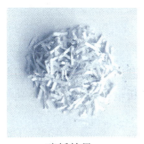　　

碎纸效果　　　　　　　　碎卡效果　　　　　　　　碎盘效果

图 10-2-5　粉碎效果

五、碎纸的保密等级

公司的保密等级越高，配备碎纸机的要求就越严格。对保密要求一般的公司，选择中档碎纸机既合适又经济。以下是国际上最受认可的碎纸标准，如图 10-2-6 所示。

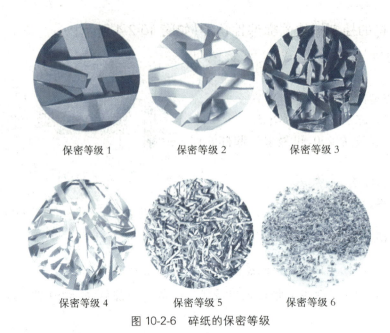

图 10-2-6　碎纸的保密等级

保密等级 1 = 12 毫米小条。

保密等级 2 = 6 毫米小条。

保密等级 3 = 2 毫米小条（机要）。

保密等级 4 = 2×15 毫米微粒（商业敏感）。

保密等级 5 = 0.8×12 毫米微粒（机密）。

保密等级 6 = 0.8×4 毫米微粒（最高机密）。

六、碎纸机使用中的常见问题

1. 碎纸机不进纸

检查传感器、电路板、电机是否工作正常。

2. 碎纸机卡纸

有倒退功能的碎纸机，先试试按倒退键，看是否可以自行退出。如不成功则切断电源，然后将碎纸部分提出来倒个头，倒几下，然后再开。切记一定要断电操作！如果还是不行的话，可以尝试倒过来用螺丝刀去掉一些碎纸。

3. 不能碎纸，拨通开关时马达运转的声音异常

碎纸机传动系统出了故障，需送到指定厂商处修理。

4. 碎纸机不通电

请检查电源是否接好、是否已把开关打开、保险管是否被击穿、电路板是否被击穿、垃圾筒是否放好。

5. 碎纸机有异响

请检查刀具是否有损坏、碎纸末是否太多、皮带是否有松动、带电检查整机是否摆动。

6. 碎纸机工作时的辐射

碎纸机使用的是低压电,属于低频辐射,电场强度很小,可忽略不计。

[拓展训练]

[训练] 使用碎纸机粉碎报废银行卡

步骤1:打开电源按钮,指示灯亮,机器处于工作状态。
步骤2:将报废银行卡放在碎卡口,机器开始自动进卡,碎卡过程如图10-2-7所示。

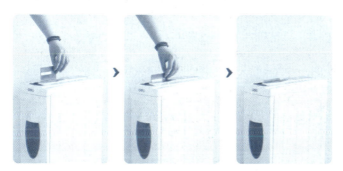

图 10-2-7 粉碎报废银行卡

小贴士

碎卡过程中一次只能放进一张报废银行卡。

步骤3:若连续三分钟左右报废银行卡还没粉碎完毕,应休息4到5钟后继续粉碎。
步骤4:使用完毕后,关闭电源,拔掉电源插头。

[项目评价]

序号	评价项目	评价关键点	学生自评	教师评价	配分
1	装订会议资料	能正确完成胶圈装订			30
		能正确完成夹条装订			15
		能正确完成自锁条装订			15
		装订过程操作规范			10
2	使用碎纸机	能正确操作碎纸机粉碎文本			20
		能正确粉碎光盘和报废银行卡			20